Prólogo

Cuando buscamos en las bibliotecas escolares obras dedicadas al Municipio-Estado Vargas, es muy poco lo que encontramos. Esto se debe a varias causas, pero no a la ausencia absoluta de ellas; el problema es que las ediciones se agotan y muy pocas veces se reeditan. Así ocurre con los escritos de Manuel Segundo Sánchez, Rafael Martínez Salas y Enrique González, para mencionar tres honrosísimos guaireños que no están físicamente entre nosotros.

A esto se agrega la escasa publicación de libros de los autores de Vargas que están en plena producción, porque casi todos carecen de recursos propios para editar sus obras y, si estas son particularmente extensas y por lo tanto más costosas, esperan casi siempre el mecenazgo oficial para publicarlas. Actualmente esto ha cambiado con la plataforma editorial de la Asociación Bolivariana de Escritores de Venezuela, capítulo Vargas.

Esta situación tomó un nuevo cariz después de la trágica vaguada de diciembre de 1999. Las obras que afiancen la identidad varguense, que hagan crecer su autoestima, se han convertido no en objetos suplementarios, sino en necesidades urgentes, porque no puede reconstruirse una entidad como Vargas sin curar el tejido social y sin consolidar el espíritu de pertenencia del ciudadano y la ciudadana de esta tierra.

La escuela es el lugar ideal para construir ese sentido de amor por la patria chica; y las previsiones del Estado venezolano al considerar como de importancia el establecimiento del Currículo Básico Regional, abren la posibilidad de incursionar en la geografía, la historia, el folklore, la cultura y la vida varguense en general.

En el caso particular de esta obra no sólo se inscribe en lo señalado, sino que además, consolida el sentido de identificación con nuestros ancestros indígenas, los primigenios pobladores de estas tierras, mucho más paradisíacas en aquellos tiempos idos, que dejaron sus huellas en los petroglifos, pero también en la toponimia local.

Animados por el espíritu que anima a rescatar y dar importancia a nuestros indígenas actuales (y por lógica a las etnias desaparecidas), terminamos con algo de premura y resumiendo mucho esta obra para cuya preparación se venían acumulando conocimientos por unos dieciséis años.

Después de diciembre de 1999, este libro se concibió como una herramienta para contribuir con la labor de reconstrucción humana que clamaba Vargas; por lo tanto, si su lectura, estudio y discusión puede animar a los lectores a consolidar su amor por esta tierra, el autor se dará por satisfecho.

El Autor

I. El Idioma Caribano

La presencia indígena en el territorio que hoy ocupa el Estado Vargas, está documentada en varios historiadores y cronistas de la época colonial. Para un estudio detenido de los acontecimientos de aquella época, debemos remitirnos a las obras históricas que en este trabajo se tocan solamente desde el punto de vista *lingüístico*.

Para ubicarnos adecuadamente en este capítulo, resulta necesaria una breve explicación acerca de qué llamamos *caribano*. El término se aplica al grupo de lenguas derivadas del gran tronco *caribe*, con exclusión de los "*caribe*s" propiamente dichos, cuya lengua original, llamada general por el uso extenso que recibió en América antes y después de la Colonia, se identifica con el *kari'ña* hablado actualmente al sur de Anzoátegui y algunas regiones norteñas del estado Bolívar. El *caribano* no es "*caribe* puro", sino un idioma parecido, que guarda similitud morfológica, fonológica y gramatical con esa lengua matriz, pero que contiene elementos de las lenguas maternas que fueron asimiladas mediante conquistas por aquél pueblo. Se puede entender la relación entre el *caribe strictu sensu* y el caribano, haciendo una comparación entre el latín (lengua conquistadora) y las lenguas romances resultantes de estas conquistas.

El caribano tiene varios dialectos, que se asimilan con las tribus que ocuparon la parte oriental y centro norte costera de Venezuela, a saber: *araguas, caguas, caracas, chaigotos, chaimas, characuares, charagotos, coacas, cumanagotos, guamonteyes, guaribes o guarinos, mariches, mayas, meregotos, paracotos, parias. píritus, quiriquires, tacariguas, tagares, tarmas, teques, "tomuzas" y toromaimas.* El territorio que abarcaban estas naciones y tribus, se corresponde con el de Nueva Esparta, Sucre, Monagas (parte norteña y oeste), Anzoátegui (zona norte), Guárico, Miranda, Distrito Capital, Aragua, Carabobo, Vargas y la parte costera oriental de Falcón.

El caribano no fue sólo un fenómeno de carácter sociológico, entendido éste como mezcla de conquistadores y conquistados, vencedores y vencidos, y un establecimiento obligado de lazos sanguíneos, sino una mezcolanza lingüística de la cual resultó un lenguaje común, comprensible por todos los hablantes de las naciones antes mencionadas, útil en sus intercambios comerciales y los convenimientos o enfrentamien-tos bélicos, así como en las alianzas matrimoniales.

Un caso por demás interesante, resulta el del cacique *Terepaima* y Francisco Fajardo. El nombre Terepaima significa "El de la Arepa Grande", tal vez por los gustos culinarios distintivos de este Jefe.[*] Este *cacique* al principio se mantuvo amistoso con Fajardo, quizás por identificación racial y lingüística con él, mas una vez que el mestizo se retiró, retornó a su oposición contra los invasores. La facilidad de *Terepaima* para mantener comunicación directa con el

---

[*] Recordemos que Fajardo, tal vez despectivamente, llamaba a la gente de Tierra Firma "comedores de arepa", precisamente por ser el maíz el principal sustento de las naciones aborígenes que, aún conociendo la yuca, no daban a esta tanta preferencia, como sí lo hacían los *caribes*.

conquistador, demuestra el dominio del idioma caribano que poseía, aún siendo de tribu *arawaka*.

Las tribus de nación *arawaka* ocuparon el territorio antes de los *caribe*, quienes las conquistaron. La tribu llamada *arbaca*, a la cual perteneció *Terepaima* quedó aislada en el territorio conquistado, pero con el tiempo se asimiló lingüísticamente al idioma general. De hecho, el nombre *Terepaima* es caribano. Es decir, en esta nación se cumplió el proceso idéntico que venía ocurriendo con las otras naciones conquistadas. El nombre de la tribu parece demostrar que esta nación mantuvo su identidad *arawaka* por mucho más tiempo que las otras, pero igualmente terminó también siendo asimilada. Por estas razones, nos inclinamos a incluir a los *arbacos* entre las naciones caribana.

Podemos emplear como argumento de filiación lingüística la gran cantidad de palabras comunes que tienen estas naciones *arawakas*; así se evidencia también en la toponimia de su territorio, ubicado, según Miguel Acosta Saignes entre los *meregotos* y los *kirikiris*. Algunos hechos históricos también parecen confirmarlo. En el mapa que se encuentra más adelante se muestra todo el territorio de los caribanos en la zona norte costera de Venezuela.

Como prueba de la territoriedad del caribano, tenemos la toponimia de esta región oriental y central costera de Venezuela, la cual hizo pensar a don Arístides Rojas que hubo migraciones *caribe*s hacia el occidente, procedentes del Oriente:

Los Mariches tuvieron un sitio llamado Guayana, y en la topografía actual figuran como sitios y parroquias los nombres orientales Maturín, Apamate, Aragüita, Tunapui, Cariaco, Urica, Chichirivichi, Mamo, Cumaco, Aricagua, Tacarigua, Píritu, Onoto, Tácata y otros muchos: lo que indica una corriente de emigración de Este a Oeste en los pueblos de la Costa de Venezuela, desde Paria hasta Burburata (*sic*) y todavía más al Este, mucho tiempo antes de la llegada de los castellanos.[1]

Por otra parte, el testimonio de Francisco de Tauste es digno de ser citado, pues demuestra la equivalencia lingüística entre los *chaymas, cumanagotos, coacas, cores, parias* y vecinos con los indígenas del centro del país. Expresó Tauste:

... aunque es verdad, que entre dichas estas mismas Naciones dichas tienen en su estilo y práctica alguna diferencia en la pronunciación, ó ya añadiendo, ó quitando alguna sílaba, á la voz común del nombre, ó verbo; pero no es parte para no entenderse harto bien los conceptos; como v.g. acá en España las lenguas Castellanas, Aragonesa, Valenciana, y Gallega...[2]

También expresó este autor, lo siguiente:

...sugongo, que este lenguage de los Indios de la prouincia de Cumaná, ó

[1] Arístides Rojas: *Estudios indígenas. Caracas*, 1941.
[2] Francisco de Tauste: *Arte y Vocabulario de la Lengua de los Indios Chaymas, Cumanagotos, Cores...* Leipzig, 1888, pág. 1. (Se ha respetado la ortografía original en el título)

Nueua Andalucía en las Costas de Tierra Firme, se dilata, y comprehende más de cien leguas, pues hasta la Prouincia de *Caracas*, en la Ciudad de Valencia, *experimenté, que la entendía aquel gentío.*[3]

Ahora bien, si el idioma *chayma*, era compatible con todas las naciones que menciona Tauste en el título mismo de su libro y hasta Valencia, se sobrentiende que tal lengua era común (o al menos inteligible) a todas las tribus intermedias entre la zona *chayma* y la del Lago del centro del país, territorio este último de las tribus *araguas y tacariguas*.

Según el mapa descrito previamente, las naciones intermedias en ese territorio extenso, eran los *tagare, characuares, topocuares, chaigotos, píritus, guaribes,* "tomuzas", *kirikiris, caracas, teques, arbacos, meregotos, guamonteyes y guarinos*, además de los *araguas y tacariguas*. Es decir, toda la parte centro norte costera de Venezuela, hablaba una misma lengua, o por lo menos un idioma común, aunque tuvieran sus dialectos locales, como pasaba en España en la época en que escribe el misionero citado.

La situación abarca varios años de entendimiento, por lo menos, desde que Fajardo visitó el Centro, pasando por el evento aquel de la india *Urimare*, espantada por Cobos del Oriente y refugiada en la tribu costera del *cacique Guaicamacuto*.

Cuando Francisco Fajardo inició en 1558 la conquista del centro del país y llegó con su madre a lo que hoy es Chuspa, acompañado por diecinueve

---

[3] *Ibídem.*(El subrayado es mío, JIA)

soldados y algunos *guaiqueríes,* no necesitó intérprete. Juan de Pimentel dice al respecto:

Allí estuvo como un año, poblando, entreteniéndose con los naturales, más con ayuda de su madre y suya, *por entenderse en la lengua,* que por las armas. [4]

Es decir que la lengua que hablaba Fajardo era la misma de la regiones.

Se ha dicho que Fajardo conocía las lenguas de estos lugares, como queriendo suponer que eran distintas a la suya. ¿No es más sencillo aceptar que la lengua local era igual a su *guaiquerí* materno? Recuérdese que Fajardo era bisnieto del cacique maya *Charaima,* padre de doña Isabel y muy probablemente señor de la región de Panecillo (Chuspa), donde *Paisana* ejercía un liderazgo tal vez heredado de *Charaima.* Había comunidad lingüística, porque Fajardo se entendía directa y personalmente con *Guaimacuare (Caruao), Paisana* y *Terepaima,* a quien abordó más hacia el sur. Ciertamente, habría sus pequeñas diferencias dialectales regionales, pero la lengua era común.

Por otra parte, cuando la india Urimare, huye de Cobos desde las costas orientales de Venezuela, y se viene al Litoral central, lo hace en una dirección determinada: hacia los dominios del cacique Guaicamacuto, quien la ayuda a vengar a los suyos. ¿Cómo pudo haber una comunicación -y hasta una comunión- tan profunda entre estos dos indígenas

---

[4] Juan de Pimentel: *Relación geográfica de Caracas y Caraballeda.* En *Relaciones geográficas de Venezuela* por A. Arellano Moreno. (El subrayado es mío, JIA)

tan distantes? Los lazos familiares y el idioma unía a estas tribus, desde las regiones orientales "hasta la provincia de *Caracas*", como escribió Tauste.

Por otra parte, existe una enorme cantidad de topónimos homónimos entre estas regiones y el territorio caribano ya señalado. A título de ejemplo demostrativo, tenemos estas homonimias:

Lugar, sitio, río	Entidades donde existe
Cariaco	Sucre, Vargas
Aragua	Aragua, Monagas, Anzoátegui
Güire	Nueva Esparta, Vargas
Guamache	Nueva Esparta, Vargas
Chichiriviche	Sucre, Vargas, Falcón
Guaranache	Nueva Esparta, Sucre, Vargas
Carapal	Monagas, Vargas (Corapal)
Casupal	Monagas, Vargas, Anzoátegui
Macanillal	Monagas, Vargas
Pericoco	Monagas, Aragua, Vargas
Mamo	Anzoátegui, Vargas
Urica	Anzoátegui, Vargas (Uricao)
Cataure, Cataurito	Guárico, Vargas

... Y la lista pudiera alargarse por varias páginas. De hecho, por sí sola podría ser tema de todo un libro.

II. El Caribano en el Estado Vargas

El territorio actual del estado Vargas estuvo ocupado, principalmente por los caribanos de nación tarma y caracas. En él se distinguieron las actuaciones de varios *caciques* locales, como: *Guaicamacuto, Catia, Maiquetía, Naiguatá, Pariata, Guaracarumbo* y *Caruao.*

Los *tarmas*, según un estudioso,

... constituyeron la mayor población indígena de la región central, y debieron estar ubicados geográficamente en las costas y las montañas por encima de Macarao en el actual Estado Miranda. Se encontraban agrupados en un núcleo central que corresponde probablemente al sitio que hoy ocupa Torre Quemada, Chacón, Cabo Blanco, El Cantón, El Cardonal y los Flores de Catia, con ramificaciones hacia los actuales Valles del Tuy y parte costera del Estado Aragua, aunque conocían muchos de los dialectos hablados en la comarca, hablaba *(sic)* la lengua *caribe* muy parecida al Cumanagoto[55]

Si partimos de esta información, asumiremos que los indígenas *tarmas* hablaban un lenguaje caribano, puesto que el *cumanagoto* es un dialecto de dicha familia.

Hay varias maneras de comprobar esta información y demostrar la filiación de la lengua de la región con el gran tronco *caribe*. De momento, debemos recordar que la actuación de las tribus del centro, denominadas *araguas, caguas, caracas, charagotos, guamonteyes, mariches, mayas, meregotos, paracotos, quiriquires, tacariguas, tagares, tarmas, teques,* tomuzas *y taramainas,* estuvo siempre

---

[5] Luis R. Oramas, citado en la obra *Tarmas. Historia y tradición*, de Daniel Benítez. Dirección de Cultura de la UCV. *Caracas*, 1993, pág. 13.

signada por una gran unidad. ¿Cómo fue posible esta?

Dos son las razones de esta cohesión entre nuestros ancestros aborígenes del centro: su filiación lingüística y las alianzas matrimoniales que habían celebrado. Lo primero les permitió una comunicación efectiva. Lo segundo, les garantizaba las lealtades mutuas entre las diferentes tribus.

Ante las pretensiones del invasor claramente entendidas por los indígenas, no les quedó más alternativa que el sacrifico, pues no otra cosa significó el enfrentamiento del arco con el arcabuz. La desigual guerra del indio contra el invasor condujo a la aniquilación casi total del primero. La metas del europeo estaban claramente especificadas en títulos, poderes y cédulas reales: el indio fue condenado al genocidio por no aceptar su supuesta "inferioridad" y su sujeción a Roma y a España. Así la víctima, a los ojos de quienes venían con las bendiciones papales, fue culpable de su propio exterminio.

Los caribanos habitantes de estas tierras fueron aniquilados por todos los medios disponibles: por la espada y el arcabuz, con la licencias reales y las encomiendas. A través de la licencia que otorgó su católicísima majestad la reina Isabel en el año 1503 para reducir a los *caribes,* se dio autorización abierta para cazar a cuantos indios quisieran los ambiciosos esclavistas, a quienes les importaba muy poco la filiación de los cautivos; para los traficantes de carne amerindia, todo indio era *caníbal,* es decir, antropófago: la más ígnara acusación para justificar el exterminio. Ninguno estuvo nunca dispuesto a considerar siquiera el significado de los gritos desesperados de los cautivos gritando: *¡No karina! ¡Karina pra!*

Del mapa del Estado Vargas -en realidad de todo el centro de Venezuela-, desaparecieron las tribus otrora prósperas y numerosas. A lugares remotos son enviados los pocos que quedan, humillados, maltratados, violentados: Tarmas es uno de aquellos llamados "resguardos indígenas". Unos pocos huyeron a los altos montes, a los llanos inhóspitos, a *Guayana*.

El sabio Agustín Codazzi, evaluando la enorme pérdida de vidas aborígenes, hizo esta interesante observación que recogemos como un aporte más a las pruebas de filiación lingüística *caribe* de la nación indígena que pobló el territorio del Estado Vargas:

> Aunque se haya perdido enteramente la lengua que hablaban aquellas tribus (los *Caracas*, Teques, Taramaynas, Charagotos, Meregotos, Tarmas, Mariches y Arbacos), se puede inferir (...) que era un *dialecto caribe*[6]. [6]

Sin embargo, el etnocidio aunque acabó totalmente con nuestros indígenas, no destruyó íntegramente su lengua. Nuestros antepasados indígenas están simbólicamente presentes hoy en nuestra vida cotidiana, a través de un vocabulario que ha resistido el paso de más de cinco siglos. Así, tenemos palabras como *ají, aguacate, anauco, arepa, auyama, budare, butaca, cachicamo, caoba, carite, cazabe,*

[6] Agustín Codazzi: *Resumen d e la Geografía de Venezuela*, pág. 249 (Cursivas de JIA)

chaco, coroto, guabina, guayaba, lapa, chigüire, macuto, mapurite, marusa, merey, ocumo, pereto, petaca, petate, pira, topia, yuca, y otras muchas, pertenecientes a nuestro entorno común y designan objetos, plantas, animales, verduras, frutos; algunas son parte de nuestra herencia caribana propiamente dicha, otras han venido de otras latitudes en boca de los conquistadores y de otros indígenas, o por esos contactos previos que se pierden en la historia no escrita anterior a la llegada del europeo.

III. La toponimia caribana del Estado Vargas

El Estado Vargas, como muchos otros lugares de Venezuela, tiene en su geografía una gran biblioteca indigenista, si así puede decirse.

Antes de entrar a considerar la toponimia en el Estado Vargas, resultan útiles algunas informaciones previas sobre los nombres de los lugares y accidentes geográficos. En esta materia, parece ser que existen criterios o patrones universales comunes a todas las lenguas para ponerle nombres a los sitios.

Por lo que respecta a los amerindios, por lo general daban los nombres a los lugares, por las razones siguientes:

- En honor a la planta o animal más abundante en el sitio.
- En honor a un distinguido personaje real o de sus mitos.
- Como recordatorio de un acontecimiento importante ocurrido en el lugar, y

- Como descripción del territorio.

En esta obra hemos incluido entre los topónimos indígenas aquellos que, habiendo sido dados por el hombre blanco, se basaron en palabras indígenas, usando éstas en forma directa u otras derivadas.

En este sentido, recordemos que el conquistador, cuando actuó como fundador de ciudades, por lo general respetó el nombre indígena del lugar, invocando el del patrono del santoral al cual se dedicaba el sitio y anexándole el nombre autóctono ancestral. Así nacieron ciudades como Santiago de León de *Caracas*, Nuestra Señora de la Concepción de El *Tocuyo*, San Antonio de *Capayacuar*, Santa Ana de *Coro*, Nuestra Señora de *Caraballeda*.

Como podemos ver en los ejemplos citados, en la designación de las ciudades casi siempre prevaleció la denominación indígena por encima de la invocación católica. Esto ocurrió porque la mayoría de la ciudades fueron fundadas sobre poblados y caseríos indígenas ya existentes y la población autóctona siguió refiriéndose a ellos con su nombre ancestral.

En el caso particular del Estado Vargas, de manera realmente asombrosa, lo cual dice mucho del amor de los indígenas por estas tierras, todas las ciudades, los caseríos y los sitios más importantes mantuvieron sus nombres indígenas originales, desplazando las denominaciones e invocaciones castellanas al olvido casi total.

¿Por qué ocurrió esto? Recordemos que las mujeres indias les dieron descendientes a los españoles, que ellas fueron quienes quedaron en las ciudades criando a sus hijos mestizos mientras los hombres iban a las guerras, a la persecución de los nativos y a la conquista de otras tierras. Ellas se hicieron cargo de mantener ardiendo por muchos años los rescoldos de sus idiomas en sus hijos y les acostumbraron a llamar a los sitios por sus nombres indígenas originales... a ellas se debe este fenómeno producto del amor por la Patria chica, en Vargas y en otras partes del país.

Lo que realmente asombra más es que esta permanencia de los topónimos ocurra en una región que por su condición de puerto, fue, es y seguirá siendo un área muy influida. Resulta obvio el regionalismo inicial de los mestizos descendientes de los ancestros aborígenes locales. Y mucho más interesante es observar que en el caso particular de Vargas, el sentido de identidad regional no es reciente, no es un fenómeno actual con fines de autonomía política; más bien es una herencia en la idiosincrasia de la población mestiza asentada aquí, que ha prevalecido como sustrato cultural asimilable naturalmente por quienes hacen vida aquí viniendo de otras regiones.

El autor ha obtenido más de un centenar de indigenismos empleados en Vargas para designar ciudades, pueblos, sitios, bahías, ensenadas, ríos, quebradas, puntas y cerros. Naturalmente, no se ha agotado esta recolección, por lo cual quedan abiertas muchas posibilidades a investigadores especializados. En el Estado Vargas, se encuentran entre otros, los siguientes toponímicos:

Aguacatal   Charas (*Las*)   Oricao

Anare
Anope
Apamate
Araya
Botuco
Cagüita
Caimito
Camurí
Caoma
Caraballeda
Caracas (Los)
Caramate
Carayaca
Care
Cariaco(Quebrada de)
Caruao
Casupal
Catamare
Cataure
Catia (La Mar)
Caurimagua
Cocuiza (La)
Curiana
Curucutí
Cusuy (El)

Chichiriviche
Chuspa
Guaira (La)
Guanape
Guamacho
Guaracarumbo
Guaranache
Guarapal
Guarapo
Guare
Guaricuay
Guatapal
Guayabal
Güenque
Güire
Güirirí
Macanilla (La)
Macuto
Maiquetía
Mamo
Mamonal
Marapa
Maya
Naiguatá
Ocumarito
Onoto

Oritapo
Osma
Pariata
Pasaguaca
Paují (El)
Pericoco
Petaquire
Piache (El)
Picure
Píritu
Quigual
Suapo
Tabacal
Tacagua
Tacoa
Taguao
Taguay
Tanaguarena
Tarmas
Tibrón (El)
Topo (El)
Tunitas (Las)
Tupiepe
Yaguara (La)
Uria
Zamurito (El)

Es claro que en esta lista no están todos los topónimos indígenas de Vargas. Se supone que muchos lugares han cambiado sus nombres por otros castellanos o que hacen honor a otras cosas, relevando los nombres indígenas al recuerdo de unos pocos pobladores ya ancianos. De hecho, muchos nombres fueron recogidos de informantes nativos.

Un caso es ilustrativo: en la zona de costa entre Taguao y La Salina existe una amplia curva en la carretera, debido a una pequeña punta que se mete en el mar. En ésta hay unos enormes peñascos que son utilizados por los lugareños como un privilegiado sitio de pesca de orilla. La punta es conocida por estos pescadores como "La Piedra del Francés", otros la llaman "La Piedra del Alemán". Pues bien, el nombre original, indígena, del lugar, registrado en mapas y que pervive en el recuerdo de vecinos más viejos, es Punta *Diarima* o *Piarima*.

Investigadores más concienzudos tienen en Vargas muchas oportunidades para seguir recogiendo topónimos indígenas en la zona.

Ahora bien, el significado de los nombres indígenas de los sitios deben buscarse fundamentalmente en el caribano antiguo, ya que en su mayoría provienen de esa lengua. Sin embargo, también existen vocablos no estrictamente *caribe*s, es decir, de procedencia externa, pero adoptados por los caribanos antiguos o extendidos en toda la América. Obviamente, es de suponer que la lengua caribana, el *caribe* y el *arawak* tuvieron una mayor influencia en la toponimia regional, que las lenguas generales distantes, como el maya o el quechua. Las lenguas que dieron origen a los topónimos regionales son: *caribe strictu sensu*, caribana, *arawak (taíno)*, *náhuatl* y *tupí-guaraní*. Al estudiar las etimologías y significados probables de los nombres de los sitios, daremos los significados claros en unos casos y en otros, las etimologías factibles, en base a sus étimos originales.

IV. Significado de algunos topónimos indígenas de Vargas

Los indigenismos del Estado Vargas no sólo están presentes en el habla cotidiana, a través de palabras como las vistas previamente que designan animales, plantas y productos americanos, sino también en los nombres de los sitios y en el uso de algunos vocablos utilizados como apelativos comunes. Se trata a veces de palabras que han tenido la mismas aceptación que la taína *cayo*, utilizada para identificar una isla pequeña, poco elevada, como un peñasco en el mar. El caso ocurre con la voz caribana *topo*, con la cual se designa una elevación montañosa de cierta importancia por su altura o extensión. En Vargas, hemos identificado los siguientes *topos*, de los cuales damos las coordenadas aproximadas:

Topo	Latitud	Longitud
El Corozo	10°31'	67°16'
La Alegría	10°30'	67°13'
Media Legua	10°27'	67°12'
Infiernito	10°34'	66°52'
Buena Vista	10°35'	64°43'
El Oso	10°32'	66°28'
Cogollal	10°12'	66°26'
Tupiepe	10°32'	67°06'
Gárate	10°32'	66°44'
Tamanaco	10°32'	66°42'
Naranjal	10°35'	66°40'
Merecote	10°32'	66°39'
Palmar	10°33'	66°52'

La voz *topo* está emparentada con la voz caribana para piedra, *top,* una de las que encontró Humboldt entre los indios *chaymas* que le hizo recordar las voces tártaras. En la obra *Arte y Vocabulario de la Lengua de los Indios Chaymas...* de Francisco de Tauste, la voz se recoge con la ortografía apuntada. Es significativo que esta voz ha sufrido un mismo proceso: En el caribano antiguo, el vocablo *top* (piedra), por extensión, originó la voz *topo* (cerro). En uno de los dialectos caribanos de la actualidad, el pemón, la voz para piedra es *tek,* de la cual según Armellada * parece originarse la palabra para cerro, *tepui*. El paralelo con *top* y *topo* es impresionantes, tanto más porque la palabra *tepui* conserva el sonido *p* del caribano antiguo.** En los párrafos siguientes, tratamos de dar el significado de algunos toponímicos. En algunos casos se cita las fuentes bibliográficas directas, es decir, vocabularios de procedencia colonial. En otros, la voz se ha recogido de otros textos que no son diccionarios ni

---

* Cesáreo de Armellada: *Literatura Indígena Venezolana,* bajo "Etimologías en pemón", pág. 41. Monte Avila Editores, *Caracas,* 1986

** La ocasión es propicia para recordar la gran hermandad lingüística del hombre. Resulta inevitable relacionar el *topo* indígena con el griego *topo,* para indicar lugar, que como étimo forma parte de la palabra toponimia. Nuevamente encontramos esas "casualidades" que cuando se repiten parecen conformar un sistema u orden. Así, con esta voz, *topo,* ocurre que parece ser común a lenguas aparentemente distintas: Por ejemplo, en kari'ña, piedra se dice *toopü;* en náhuatl la voz *tepetatl* designa un bloque, una piedra. En tártaro, *tek* es piedra. En japonés, *tei* es sabana, sitio. En arawako, *tokai* es el lugar (por lo general un cerro) donde el piache se comunica con los "espíritus". En pascuence, la palabra *Tepito-Henua* es el nombre propio de la isla de Pascua.

vocabularios propiamente dichos. El material está organizado en orden alfabético para facilitarle la búsqueda al lector.

AGUACATAL: Sitio ubicado en la parroquia *Carayaca*, aproximadamente en la latitud 10° 27' 14" N. y la longitud 67° 16'10" O. El poblado tiene unos 300 habitantes. El nombre indica un lugar poblado o sembrado de árboles de *aguacate*.

AGUACATES *(LOS):* Sitio de la parroquia Caraballeda. Ubicado en una longitud 10° 35' 46" N. y una longitud de 66° 48' 06" O. La palabra *aguacate* proviene del náhuatl *ahuacatl* y significa "testículo". Se designaba al aguacate con la voz náhuatl *ahuacatl cuahitl,* "árbol de los testículos", evidentemente por la forma del fruto. La palabra *ahuacatl* debido a su final consonántico fue de difícil pronunciación para españoles y *caribes*, por esto, le dieron un final vocálico. El aguacate fue designado por los botánicos con el nombre científico de *Persea gratissima* Gäertn. En el Estado Monagas hay un pueblo denominado El Aguacate (Con ubicación aproximada: lat. 10°11', long. 63°24') Otro, ubicado en la lat. 9°55'30" y long. 66° 42' 00", pertenece al Estado Aragua. La voz *aguacate* fue recogida por primera vez en 1541, por Motolinía (Toribio de Benavente) en su obra *Historia de los Indios de la Nueva España*, México, 1858, pág. 194.

ANARE: Pueblo de la parroquia Naiguatá, ubicado en el punto de las coordenadas matemáticas 10°37'30", latitud Norte y 69°39'30", longitud Oeste.

Debe su apelativo al nombre caribano para la garza blanca *(Casmerodius albus)*. La voz tiene origen *chayma*, y es compartida por guaiqueríes y cumanagotos. Los pescadores más viejos de la región oriental todavía la designan con este nombre. Entre los pemón, se le llama *wonore*. La presencia del río homónimo (que nace en la convergencia de las coordenadas 10°32'58'' N. y 67°38'32'' O.), confirma el topónimo, pues se sabe que estas garzas gustas de los espejos de aguas tranquilas, como los de lagos y remansos de ríos. También se llama *Anare* a un sitio cercano a Tarmas.

ANOPE: Quebrada de la parroquia *Carayaca*, cuyo nacimiento se puede ubicar aproximadamente en la Lat. 10°32' N. y la long. 66° 07' O. La voz *anope* significa "seco". Esta palabra está emparentada con la voz kamarakoto *anose*, que designa como adjetivo "lo seco". También en el idioma pemón, se encuentra la voz *anoka*, "remojar, ablandar", donde el sufijo *ka* es "quitar", es decir, *anoka* significa "quitar lo seco". En cambio, la terminación caribana *pe*, en *anope*, es eufónica o enfática. Es decir, en este caso, la voz *anope*, designa una Quebrada Seca más del Estado Vargas, pero dicho en idioma caribano.

APAMATE: Cerro ubicado en la parroquia Naiguatá, en las coordenadas 10°36'38''N. y 66°36'46''O., a 400 metros sobre el nivel mar. La voz *apamate* es *caribe*, y designa a un árbol de la especie *Tabebuia* muy común en Venezuela, que llega a alcanzar los 12 metros de alto.

ARAYA: La voz se encuentra en un sitio de la parroquia Maiquetía, denominado Punta Araya, ubicado a orillas del río Piedra Azul, más allá de Torrequemada. La ubicación aproximada es Lat. 10°34' N., Long. 66°57' O. Este lugar es de moderna fundación y debe su nombre a la Punta de Araya, en el Estado Sucre (Lat. 10°38' N, Long. 64°16' O., aproximadamente). La palabra caribana *araya* designa al pez llamado por los españoles "raya" *(Trygon hystrix),* abundante en aguas *caribe*ñas.

BOTUCO: Lugar ubicado en inmediaciones de Los *Caracas*. Es una punta pequeña que se interna en el mar, en una ubicación matemática aproximada de Lat. 10°34'20'' N., y Long.66°33'58'' O. La voz *botuco* es una corrupción dialectal de la palabra *botuto*. Esta palabra es del chaima, *bututu,* y resulta una adopción del quechua *pututu*. O bien tiene un origen arcano en una lengua originaria de América, anterior a estas lenguas. Designa una flauta hecha de caña de carrizo o de hueso, utilizada por los indígenas en tiempos de guerra. Dando crédito a la *Relación de Nuestra Señora de Caraballeda y Santiago de León...,* donde dice que los indígenas denominados *caracas* están "en la costa del mar", se nos ocurre que este sitio pudiera designarse así por ser el lugar, allí en la explanada de la playa, desde donde se sonaba el instrumento para convocar a la tribu. La voz también designa un río que nace en el topo El Limón.

BUCARAL: Sitio ubicado en la parroquia *Carayaca,* aproximadamente en la Lat. 10°31'00''N. y la Long. 66°05'00''. La palabra *bucaral* designa al sitio poblado de *bucares. Bucare* es voz *caribe* y designa a varias *Erythrynas.* La más conocida es *Erythryna glauca.* La voz caribana más extendida en esta región para esta planta es *anauco*.

CAGÜITA: Centro poblado rural de la parroquia *Carayaca*, ubicado en las coordenadas 10°31'00" de latitud Norte y 67° 19' 00" de longitud Oeste. El nombre es diminutivo de la voz caribana *cagua*, la cual designa una tribu de la región central, que a su vez dio origen a un poblado del Estado Aragua.

CAIMITO*(EL):* Sitio ubicado en la parroquia Caraballeda, en la parte alta de la ciudad, en el camino a la hacienda "Rosario", al pie de la fila San Julián. Ubicación matemática : Lat. 10°36'30" N. y Long. 66°51'00" O. La palabra *caimito* designa al fruto tropical identificado científicamente por Linneo como *Crysophyllum Caimito*. Hay otra especie llamada *Lucuma caimito Roem et Schult*. La voz *caimito* es arawaka (taína). Fue recogida por primera vez en 1535, con la grafía *caymito*, por Gonzalo Fernández de Oviedo y Valdez, en su obra *Historia General y natural de las Indias, Islas y Tierra Firme del Mar Océano*, Tomo I, página 295 (edición de Madrid, impresa entre 1851 y 1855).

CAMURÍ: Palabra que designa un lugar poblado de la parroquia *Naiguatá*, que se extiende a una punta y a una pequeña bahía. Actualmente se le agrega el adjetivo "Grande", para diferenciarlo de un balneario homónimo de Macuto denominado *Camurí* Chico. La ubicación matemática de *Camurí* es 10°37'30" Lat. Norte, y 67°42'50" de Long. Oeste. La voz es digna de análisis. En el lenguaje caribano significa "Orilla de la Camaza", puesto que *camú* es camaza *(Cucumis peppo)*, y *rí*, es orilla. En taíno, significa "Río de la Camaza", porque la terminación *rí* es una asimilación de *ni*, río. El río *Camurí* nace en el topo Tamanaco, donde convergen los límites del Distrito Federal, Miranda y Vargas, y desemboca en el mar *caribe* después de recorrer unos 10 kilómetros por las montañas. Cuando Humbodlt visitó el Litoral, menciona a *Camurí* como *Camburí*. Dice: "Entre Camburí y Naiguatar se alargan campos cultivados de caña de azúcar y maíz..." En este caso, si Humboldt respetó el nombre más antiguo, como lo hizo con Naiguatá, la voz *Camburí* proviene de *cambur,* y se cree que esta palabra es de procedencia africana. Si por el mestizaje lingüístico, que también ocurrió, la voz *cambur* se unió con la terminación *rí* del taíno, y se formó la voz "Río del Cambur", y si fue con la voz caribana para orilla, *rí*, entonces, tenemos que significa "Orilla del Cambur". En el mundo de la imaginación y las elucubraciones, es posible que tengamos en Vargas una voz zamba, es decir, nacida de la unión de una voz india y una africana. En 1884, el mapa de Venezuela, editado por el Ministerio de Fomento, recoge la voz *Camburí*.

CAOMA: Sitio de la parroquia *Carayaca,* ubicado aproximadamente en la Lat. 10°31'30" N. y la Long. 67°07'00". Los pobladores señalaron que el nombre se debe a un árbol, pero no logramos identificarlo plenamente. Sin embargo la voz puede ser corrupción de la palabra taína *caoba,* que designa un árbol *(Swietenia Candollei Pittier).* También puede ser una forma dialectal de la voz caribana *cauoma,* que designa un árbol de madera fofa, como el balso *(Ochroma longopus Sw)*. Por otra parte, la tradición asegura que existió un cacique con este nombre que comandaba la tribu tarma asentada en estos lugares.

CARABALLEDA: Ciudad y parroquia. La ciudad se ubica matemáticamente entre los 10°37′00″ de Latitud Norte y los 66°51′00″ de Long. Oeste. Fue fundada por Francisco Fajardo en 1559 con el nombre de Villa Collado, o del Collado. Aunque fue destruida un año después, en 1567 renació con la llegada de Diego de Losada. La palabra Caraballeda, es la asimilación al español de la voz *Carapa-yek-tar*, "lugar del árbol carapa". La *carapa (Carapa guianensis Aubl.)* es un árbol de gran utilidad en la farmacopea indígena y es muy seguro que abundaba en el sitio original donde se asentó la ciudad. De él se extrae una sustancia amarga de uso curativo y preventivo de enfermedades estomacales; asimismo, el aceite servía a los indígenas para curar llagas, excoriaciones, picaduras de insectos y sarnas. También se observa en las crónicas que el aceite de carapa se utilizaba para alumbrarse, y es muy posible que ese pequeño fuego que los *caribe*s colocaban debajo de su hamaca para espantar los espíritus (y los zancudos) para dormir, generalmente por indicaciones expresas del *piache*, se mantuviera con este aceite. La voz *carapa* proviene del *caribe* de Colombia (Santa Marta) y de la Guayana. Los arawacos pronuncian *caraba*, los *caribe*s *carapa*. La palabra *yei,* o *yek,* significa "árbol"; y la terminación *tar,* tan común en la toponimia nacional, significa "sitio, lugar". De allí *Carapa-yek-tar:* Caraballeda.

CARACAS (LOS): Sitio poblado ubicado en la parroquia Naiguatá, en el cual fue edificada en 1955, bajo el Gobierno del general Marcos Pérez Jiménez, la Ciudad Vacacional de los Trabajadores. Está ubicado entre los 10°37'30'' de Latitud Norte, y los 66°34'30'', de Longitud Oeste. Miguel Acosta Saignes asegura que en este lugar estaba asentada la nación de los indios *caracas*. Se fundamenta en la *Relación de Nuestra Señora de Caraballeda y Santiago de León:*

> Llámase toda esta provincia generalmente entre españoles, *Caracas*, porque los primeros cristianos que a ella vinieron, con los primeros indios que hablaron fue una nación que se llama *Caracas, que están en la costa del mar...* Tomó su nombre esta provincia de los *Caracas*, por lo arriba dicho, y esta nación de indios *Caracas*, tomó este nombre porque en su tierra hay muchos bledos, que en su lengua se llaman *Caracas*.[6]

Luego, el nombre proviene del sencillo bledo, la "pira" criolla *(Amaranthus viridis)*, una yerba anual comestible que en el *Vocabulario...* de Tauste, se menciona con la palabra *caracache*. Recuérdense las palabras de este misionero con respecto a los cambios dialectales. Por otra parte, la forma final *che*, se pronuncia con el sonido de la *sh* francesa en muchos de los dialectos caribanos, con lo cual, a cualquier oído no entrenado puede sonar como una

---

[6] Arellano Moreno: *Relaciones Geográficas de Venezuela*, pág. 113. La fecha de la *Relación de Caraballeda* es 1578. El subrayado es mío (JIA)

s: *caracache, caracash, caracas.* Sobre la base de lo dicho por Acosta Saignes, parece que el nombre de la capital de la República, proviene de los indios de este lugar. Es decir, que esta región dio su nombre a Caracas.

CARAMATE: Sitio o caserío de la parroquia *Carayaca*, ubicado cerca de Caoma. La posición matemática puede ubicarse en las coordenadas 10°31' de Latitud Norte, y 67°06' de Longitud Oeste. Debe su nombre a un apócope de la palabra caribana *caramacate,* con la cual se designa un árbol samidáceo *(Homalium racemosus, Jacq.).* La voz *caramacate* proviene del *chayma* y del cumanagoto, y significa "carbón". Por eso al árbol se le denomina entre los campesinos criollos, "carbonero"; pero no debe confundirse con el *tiamo (Piptadenia Pittieri Arms.),* también denominado "carbonero" en algunos sitios del país.

CARAYACA: Capital de la parroquia homónima. Ubicación matemática: Latitud Norte 10°32'00'' y Latitud Oeste 67°07'00''. Según algunos, debe su nombre a un cacique epónimo que luchó contra los españoles. Actualmente se cree que la voz significa "Cerca de *Caracas*", pues se derivaría de la expresión caribana *Caraca-yaca,* de la cual se perdió una sílaba. Le faltaría la última expresión *tar,* para ser más correcta en caribano, es decir, *Caraca-yaca-tar.*

Hay otra explicación sobre el significado de la voz *carayaca* que pretende utilizar el pemón como lengua base, indicando que la voz *kara* significa "raíz" y la posposición *yaka,* "entre", de donde resulta que la voz significaría "entre raíz". Inclusive, se pluraliza la expresión, "entre raíces". Hay dos razones para que rechacemos esta última explicación: En primer lugar, el sujeto activo y el verbo no están presentes, de manera que cabría preguntarse ¿qué va entre las raíces? En la expresión "sin raíz", en singular, cabría también preguntarse ¿cuál raíz? ¿la raíz de qué? El caribano era una lengua muy sustantiva y verbal. En segundo lugar, no podemos caer en el error de buscar explicaciones en lenguajes más lejanos, o forzar la aglutinación propia de estas lenguas, descomponiéndola en raíces y étimos, porque entraríamos en el campo de la especulación. Esto desembocaría no en una lectura de las expresiones y topónimos, sino en una "producción de versiones". Para ilustrar el punto, consideremos la voz *caracas*. En pemón *kara* es "raíz", y *ka* es "quitar", o el privativo "sin", de donde *Caracas* sería "sin raíz", o "quita-raíz". *Anare,* sería en *kariña: Anna,* "nosotros", *re,* "también", es decir, "También nosotros", y así sucesivamente, iríamos armando un edificio de naipes, muy endeble...

Ahora bien, consideremos otras posibilidades. ¿No podría ser *carayaca* una expresión de la marca distintiva de un grupo? Recordemos que la *y* y la *ñ* son intercambiables en los dialectos *caribes*, como ocurre con la voz *ayaze, añaze* (maíz), de manera que esta palabra pudiera pronunciarse también *carañaca*, es decir, "sin caraña". La *caraña (Protium carana March)* es un árbol que tuvo amplia utilidad entre los indígenas. Así como la *carapa*, la *caraña* produce un aceite, que en su caso es muy oloroso y les servía para *onotarse*, es decir, para pintarse el cuerpo con *onoto (Bija orellana)* en el ritual de preparación para las batallas.

Por lo tanto, puesto que en la expresión *carañaca,* la sílaba final *ca* es negativa, y significa "sin", la voz *carañaca* significa "el sin caraña". ¿Quién estaba sin caraña, un individuo así llamado que por alguna cuestión de sus ritos particulares no debía onotarse o era todo el grupo, es decir, toda la tribu? ¿Eran los *carañaca* una tribu que se eximía de pintarse por algún razonamiento mítico, hecho costumbre distintiva?

Hay dos razones para sustentar estas posibilidades. La primera es la existencia de una tribu cercana llamada la de "bellos rostros", tal vez porque sí estaban pintados, a saber, los *petaquires* (véase *infra*), de los cuales se distinguirían. La otra es que un cacique tarma de la zona de *Carayaca,* cuyos descendientes existen aún, se llamaba *Carapaica,* cuyo nombre significa, precisamente, "el sin carapa". ¿Era "el sin caraña" otro indio? La tradición oral de *Carayaca* responde que sí. Por lo tanto, todavía las posibilidades quedan abiertas a los investigadores.

CARE: Sitio, punta y río ubicados en la parroquia *Naiguatá.* El minúsculo poblado está localizado aproximadamente en la Latitud 10°37' Norte y la Longitud 66°41' Oeste. Se levanta a la orilla de la playa, en la carretera que va hacia *Camurí.* El nombre en caribano significa "el encuentro". Esto nos hace pensar que el sitio pudo haber sido el lugar de concurrencia de las partidas piragüeras de asalto de los *caciques Catia, Paisana, Caruao o Naiguatá,* o de todos a una. Tal vez allí tuvo lugar alguna importante coincidencia de personajes guerreros, un congresillo anónimo de caciques para planificar la resistencia al invasor. Estos son planteamientos discutibles y abiertos, pues, cuesta creer que los caciques se reunieran *solo una vez* en Macuto para planificar la forma de repeler a los españoles. Tal vez un estudio arqueológico de la zona del pueblo y del río, nos dé la sorpresa de un petroglifo reciente, que conmemore ese "Encuentro".

CARIACO: Sitio y quebrada de la parroquia La *Guaira*. El sitio poblado está a unos 600 metros sobre el nivel del mar, en latitud aproximada de 10°35' Norte y longitud de 66°54' Oeste. La palabra *cariaco* es conocida porque da nombre al golfo y el pueblo del Estado Sucre. Se emplea el nombre para designar un tipo de *ayaze*, o *añaze*, o sea, de maíz (*Zea mays* Linn.), de color blanco y muy harinoso, que los caribanos utilizaban para hacer sus famosos *caratos*, por la facilidad que hay de molerlo crudo para hacer una harina y cocinarla luego. Los españoles llamaron *cariaco* a la zona donde se cultivaba profusamente este tipo de maíz en oriente.

El nombre de la quebrada cercana al sitio del *Cariaco* litoralense puede habérsele dado por el árbol *cariaco* (*Cordia alba* Roem.& Schult.), y de allí, por extensión, pudo pasar al lugar. Este árbol que en otros lugares es llamado *caujaro*, *tarare* o pardillo, produce un fruto blanco y tal vez por ello, se le dio su nombre al maíz blanco harinoso antes mencionado. (¿O viceversa?)

De paso apuntaremos que el parecido del fruto del árbol de *cariaco* con el de algunas lantanas, ha dado origen al nombre *cariaquitos* para estas plantas medicinales, empleadas en la farmacopea indígena. El nombre indígena en singular de éstas sería *cariacotik:* El cariaquito blanco *(lantana reticulata o lantana tormentosa)*, el cariaquito colorado *(lantana camara)*, *(lantana camara)*, y el cariaquito morado *(lantana trifolia)*.

CARUAO: Nombre de río, pueblo y parroquia. El pueblo se encuentra entre los 10°36′30″ de Latitud Norte y los 66°20′58″ de Longitud Oeste. Este poblado en la colonia se dedicó a la producción cacaotera y se conocía como San José de *Caruao*. El río, por su parte, nace en la falda norteña del topo Las Mesas, en los linderos con el Estado Miranda, recorre 17 kilómetros y desemboca en los 10°36′36″ de Latitud Norte y los 66°20′48″ de Longitud Oeste.

El nombre *Caruao* hace honor al famoso cacique también conocido con el nombre de *Guaimacuare*, uno de los más firmes aliados de *Guaicaipuro*. Esta duplicidad de nombre hace suponer dos cosas, primero, que *Caruao* no era caribano, sino de otra región en la cual tendría tal nombre.[7] Esto no nos parece poco improbable, porque aunque le hubiese sido muy gravoso a un extraño llegar a la posición de *cacique* en una tribu extraña, donde llegar a esta posición exigía el cumplimiento de unas reglas muy severas, alrededor de las cuales había tabúes, un hombre valiente, podía lograrlo. El caso hubiese sido más comprensible si hubiese sido un *karibe* puro, porque los *karina* como

---

[7] Antonio Reyes: *Caciques Aborígenes de Venezuela.*

los llamaban los caribanos, eran muy temidos y respetados por su arrogancia y su valor.

En segundo lugar, se puede suponer, en base a las costumbres todavía vigentes en las tribus caribanas, que el cacique tuviera dos nombres (de hecho, podían tener dos públicos y un nombre secreto para sí mismos). Uno, *Guaimacuare*, que lo identificaba como señor de una región específica, puesto que *guaimacuare* significa "río del lagarto", y el otro, *Caruao*, como "Señor de las Aguas" o, mejor, "El Allegado o Cercano al Mar". Examinemos estos puntos.

El nombre *Caruao* parece aglutinación de *carú* y *yao*, donde *carú* puede ser asimilación eufónica de *parú* (agua, río) y *yao* (cerca, junto a). No obstante, hay un detalle que parece apoyar la idea de que *Guaimacuare* es una traducción al caribano de la voz *Caruao*, la cual puede ser de procedencia *karibe*. En el idioma que pervive de los *caribe* puros, el *kari'ña*, se llama *karú'wo* a la lagartija común, por lo tanto, si *Caruao* era de otra región, lo era de la zona *caribe strictu sensu*, y por su condición de guerrero, su imponente estatura y fuerza física, pudo imponerse y hacerse respetar como cacique. En caribano, la palabra *guaima* es "lagarto" y la voz *"icuare"* es "río".

La tradición que recoge Reyes en su obra ya citada, describe a *Caruao* en los predios de los ríos, construyendo represas para facilitar el riego. En realidad, según creemos es una extraña ocupación para un guerrero en un contexto social, donde el trabajo de labranza, con la excepción de la roza del *conuco*, era labor exclusivamente femenina. Otra cosa es imaginarlo como director de las ejecuciones de esas obras, lo cual sería sumamente meritorio para el nivel agrícola que le rodeaba en la época, pues nuestros aborígenes no tenían una tecnología desarrollada en ese sentido.

CASUPAL: Nombre de un pueblo y una hacienda muy antigua (1824) de la parroquia *Carayaca*. El nombre se aplica al sitio donde crece el *casupo*. *Casupo* es el nombre de una heliconia muy abundante en Venezuela, cuya corteza seca, por ser flexible se usa para fabricar cuerdas que no son muy resistentes, pero sí muy útiles para ataduras sencillas y de poca duración, como por ejemplo la de las *hayacas*. En la región caribana, son varios los poblados y sitios que deben su nombre a esta planta, ubicados aproximadamente en las coordenadas siguientes:

Topónimo	Latitud	Longitud
Casupal (I)	9° 30'	63° 41'
Casupal (II)	8° 38'	64° 46'
Casupal (III)	9° 52'	67° 09'
Casupo	10° 01'	65° 48'
Boca de Casupo	9° 58'	65° 52'

Algunos autores creen que la voz *casupo* es de origen africano, sin embargo, si se observa un mapa de Venezuela y se ubican los topónimos de la lista anterior, nos percatamos de que se le encuentra en la región caribana, inclusive alejada del área de influencia de la cultura negra. Por otra parte, entre la palabra *casupo* y el *chayma cachipo*, la diferencia es mínima y ambas designan a la misma planta heliconia. La diferencia puede deberse a la asimilación consonántica de la *s,* o *sh* por la *ch* y la mala pronunciación de sonido intermedio entre la *i* y la *u,* propio del *caribe kari'ña,* el cual Jorge C. Mosonyi grafica *ü,* en su diccionario del idioma *kari'ña.* [*]

Para los pobladores de la zona denominada *Casupal* en *Carayaca, casupo* designa una musácea parecida al plátano, pero más pequeña y de hojas anchas. Esto nos obliga a considerar válida la correspondencia entre el *cachipo chayma* y el *casupo* local.

Resulta demasiado casual que la voz *casupo* se encuentre en el Estado Monagas relativamente cerca de un poblado llamado, precisamente, *Cachipo* (aproximadamente en la Lat. 9° 55' N., y Long. 63°, 08' O). En *chayma,* el *cachipo* es el bijao, del cual hay varias especies: *Heliconia bihai* L., *Heliconia hirsuta cannoi* L., *Heliconia villosa* Klotzsch. Las descripciones suministradas por los informantes de *Carayaca* se refieren a plantas con características de las heliconias, aunque también incluyen una enredadera cucurbitácea: el estropajo *(Luffa cylindrica).*

No obstante la aparente disparidad morfológica de las plantas heliconias y lufas, cabe la posibilidad de que designe a ambas especies, como pasa con el maíz *cariaco* y el pardillo *cariaco.*

CATAMARE: Sitio cercano a la desembocadura de la quebrada hoy denominada La Zorra, en Catia La Mar, la cual nace en la vertiente suroeste del Cerro

---

[*] Jorge C. Mosonyi: *Diccionario básico de la lengua Kari'ña.* UCV. Mimeografiado, 1987.

Negro. *Catamare* está ubicado en el punto de las coordenadas 10° 36' 11'' de Latitud Norte y 67°02'19' de Longitud Oeste. Acerca del nombre se han recogido dos versiones: una, basada en la tradición oral que menciona una tribu que supuestamente habitó la zona; otra versión dice que es un anagrama de la palabra Catia La Mar, utilizado en los años 50 para denominar un Taller mecánico ubicado a orillas de la playa La Zorra.

Se nos ha sugerido que la voz puede ser una corrupción del *catumare* (cesta) piaroa, y que pretende describir la forma de los cerros de *Catamare* como se visualizan desde el mar, como unas cestas boca abajo. Dado que los piaroa están tan lejos, descartamos esta explicación.

Nos parece más viable que la quebrada La Zorra fuese llamada *Catanare*, "La desabrida", pasando luego el vocablo a corromperse y convertirse en *Catamare* por asimilación de la voz Catia La Mar. Pero no tenemos la manera de demostrar este parecer que queda en el campo de la especulación.

La lengua caribana nos ofrece otra explicación más: Que la voz original fuese *catamaric*, con lo cual significaría "Orilla del maíz negro". Pero nos parece poco razonable que en los cerritos empinados de esta zona se sembrara el maíz, teniendo en cambio, el Valle de las Guayabas (actual ubicación de las Escuelas Naval y Náutica y el Centro de Adiestramiento Naval), tantas extensiones propicias para ese tipo de cultivo.

Finalmente, como la voz tiene una significativa connotación indígena, proponemos otra interpretación. En primer término, sus étimos son *cata* y *mare*, que significan "orilla" y "trampa", respectivamente. Dado que en el caribano se colocaba la relación de genitivo en orden inverso al castellano, la expresión significa "Trampa de la Orilla". Enseguida, establecemos la correspondencia con los métodos de los *caribe*s y sus discípulos los caribanos: cavar hoyos y sembrarlos de estacas puntiagudas, cubrirlos y dejarlos como trampas de caza y de guerra. Cuando era esta última la razón de tales trampas, las puntas de las estacas eran untadas con sustancias letales. ¿Fue esta una zona para tales trampas, previniendo los desembarcos españoles?. El responsable de tales maniobras en los tiempos remotos debió ser el cacique Catia, señor de la región.

CATAURE: Poblado de la parroquia *Carayaca*, ubicado en la Latitud 10°35'25'' Norte, y la Longitud 67°05'50'', aproximadamente. Su nombre significa "canasto" en caribano. La voz *cataure* proviene del *caribe katoli*. Mantiene su etimología en la mayoría de los dialectos caribanos:

Dialecto	Voz
Apparai	*catari*
Galibi	*catauli*
Guayana	*catali*
Chaima	*cataure*
Cumanagoto	*catauire, catauiri*

El *cataure* es un cesto pequeño, tejido de palma y dedicado a los usos más diversos, desde los comunes, como cargar alimentos de las sementeras, hasta los míticos, como enterrar a los difuntos o guardar sus huesos. Los españoles relataron en sus crónicas de Indias que llegaron a ver *cataures* adornados con oro y cuentas de caracoles, dedicados a usos funerarios; otros más rústicos se usaban para recoger a los muertos y heridos en el campo de batalla.

CATIA (LA MAR): Ciudad y parroquia del municipio Vargas. Está matemáticamente ubicada en el punto de convergencia de la coordenadas 10°36'30'' de Latitud Norte y 67°02'00''. Debe su nombre al cacique *Catia.* Fue este quien propuso, en magistral estrategia, la unificación de todas las tribus del centro del país para hacerle frente al invasor español. Su idea, llevada a cabo bajo el comando de *Guaicaipuro,* mantuvo en jaque por largo tiempo a las tropas españolas. A la muerte de *Guaicaipuro,* aunque estaba ya viejo y cansado, *Catia* asume el liderazgo de las tribus tarmas y de otras naciones vecinas, pero muere de un cañonazo que le atravesó el pecho, al enfrentarse a las tropas de Diego de Losada en 1569.

Catia La Mar, aparece en la *Relación...* de Juan de Pimentel, como un puerto del litoral central ubicado a cinco leguas al poniente de La *Guaira.* En la época colonial este nombre, bajo la forma "*Catia* de la Mar", recorrió todo el país, porque en él perdió la vida el famoso conquistador Diego García de Paredes, en manos de indios tarmas comandados por un cacique olvidado, cuyo nombre no tiene ni una calle del Estado Vargas, el aguerrido *Guarauguta,* cuyo nombre significa "Sitio del Guaraguao". El *guaraguao* es el zamuro blanco, lo cual hace suponer un origen *guaiquerí,* tal vez por contrato matrimonial.

García de Paredes, fundador de Trujillo y uno de los más importantes conquistadores de España, había acompañado a Pizarro en la conquista del Perú y peleó bajo las banderas del Imperio español en varios frentes de guerra, como Túnez, Italia y Flandes. Para hacerlo caer en sus manos, los *tarmas* del lugar, al mando de *Guarauguta* invitaron a García de Paredes y a otros españoles a una comida en *Catia* La Mar, donde a instigación de *Guaicaipuro* fue muerto el conquistador.

Ahora bien, ¿qué significa el nombre *Catia*? Todo indica una relación con el nombre *Cata,* que significa "orilla". Puede ser un apócope de la forma *"Cata-uyan"* o *"Cata-uya"*, "Mi orilla", con lo cual se haría una clara referencia a los dominios del jefe indio, desde las colinas oeste de *Caracas,* hasta las orillas del Valle de las Guayabas, actual *Catia* La Mar, y desde el río *Maya* hasta *Tacagua.* Esto es, tomando en cuenta los dominios de los otros caciques contemporáneos, como *Guaracarumbo, Curucutí, Pariata, Maiquetía, Guaicamacuto y Naiguatá.* Su mayor territorio le daba un gran prestigio, como sin duda lo tuvo a los ojos de propios, como *Guaicaipuro,* y de extraños, como Diego de Losada.

La región de *Catia* en *Caracas,* era el principal asiento de los *toromaimas* o *taramainas,* los aguerridos indígenas que comandados por *Paramaconi* le hicieron frente a los invasores del Valle de *Caracas.* La voz, podría hacer referencia también a un lindero, a un límite, que podría ser, precisamente, el de este cacique montañero y marinero. Por otra parte obsérvese la correspondencia vocálica entre *taramaima y tarma*. La diferencia a oídos de un español entre *Taramaima* y *Tarmaima* es mínima, y es posible que sean sinónimos. La voz *tarama-ima,* con su terminación aumentativa hace pensar en un sustantivo, para la voz *tarama* y *tarma*. En otras palabras, pudiera haber una correspondencia entre ambas naciones que tendrían tal vez un origen histórico común, si no eran una misma agrupación. Las tradiciones tarmeñas actuales hablan de un cacique y maestro de nombre *Tarama,* que existió en la zona. [8]

CAURIMAGUA: Quebrada ubicada en la parroquia *Carayaca*. Nace en las inmediaciones de Tarmas y desemboca en Puerto *Carayaca*. Su nombre se deriva de la voz *caura,* uno de los nombres caribanos del "corroncho" *(Chaetostomus guarensis).* Así se le dice en *cumanagoto* y, actualmente, en *pemón*.

El nombre que nos ocupa es una aglutinación de tres voces: *caura.* corroncho; *ima,* que significa "grande"; y *igua,* "quebrada, curso de agua". Es de advertir que esta última partícula es una eufonía de la voz *"icuar",* que significa "quebrada, riachuelo, río", y se encuentra en otros topónimos de Vargas y del país.

El nombre significa "Quebrada del Gran Corroncho", quizás porque en un tiempo podían pescarse allí esos peces, o en recordatorio de la pesca extraordinaria de algún ejemplar particularmente grande, cuyo acontecimiento dio lugar al topónimo.

---

[8] Véase la obra de Benítez sobre Tarmas, ya citada.

La palabra pareciera emparentada con la voz *Curimagua*, que designa un lugar cercano a *Coro* donde se incubó el movimiento de José Leonardo Chirinos en 1796, pero lo único que demuestra el parecido fonético es la extensión del territorio caribano hasta Falcón, pues *Curimagua* es caribao y significa "Quebrada del Gran Acure" *(Dasyprocta rubrata)*, o "del gran Algarrobo" *(Avicennia nitida)*, pues la palabra *curí*, designa también este árbol. La razones de aquel nombre tal vez sean similares al caso de *Caurimagua*.

COCUIZAL: Sitio ubicado cerca del topo Buenavista, parroquia *Naiguatá*, aproximadamente en la Latitud 10°36′ N. y 67°44′ O. La palabra designa al lugar poblado de *cocuizas (Fourcroya cubensis, F. geminis, F. gigantea* y *F. vivipara)*. La voz es *taína (arawaka)*. La existencia de esta planta en la región que ocupa el Estado Vargas, se documenta desde 1578 [9]. Entre los campesinos del Estado Vargas, se escucha la pronunciación *cucuiza*.

De la *cocuiza* se extrae la fibra textil del mismo nombre, que se destina a la confección de cuerdas y telas muy rústicas para elaborar sacos. También se extrae de la planta un licor llamado *cocuy* o *cucuy* que, en época de Bolívar, se empleaba para enfriar y templar los cascos de los caballos, una vez que estos les eran quemados con planchas de hierro muy calientes.[10]

---

[9] A. Arellano Moreno: *Op. cit.*: ver: *Relación de Nuestra Señora de Caraballeda, pág. 134.*
[10] Simón Bolívar: *Obras completas (Carta al Señor General Antonio José de Sucre, Otuco, 14 de abril de 1824)*

CURIANA: Sitio y hacienda de la parroquia *Carayaca*, ubicados aproximadamente en la Latitud 10°32'27" N. y la Longitud 67°08'30" O., cerca de *Tarmas*. La palabra es de vieja data en el lugar, por lo menos desde 1691 y es de gran difusión en el caribano antiguo. De hecho, llegó a designar toda la región costera desde Paria hasta Cabo Codera.

La palabra *curiana* en *caribe* significa "bote" y designaba la embarcación pequeña complementaria que acompañaba a otra mayor, la *piragua*, que era cuadrada y con capacidad hasta para 50 hombres de remo. Por lo general, las embarcaciones indígenas se construían de una sola vez, por la acción del fuego sobre el tronco de un árbol lo suficientemente voluminoso, como la *caoba (Switenia Mahagoni Jacq.)* La *curiana* o *curiara* era una embarcación que apoyaba o ayudaba el desembarco de las *piraguas*, pero no se usaban en la guerra.

La palabra se utilizó en Tarmas desde 1691 para designar una hacienda fundada por la propietaria Inés Ruiz.

CURUCUTÍ: Quebrada de la parroquia Carlos Soublette, limítrofe entre ésta y la Raúl Leoni. El nacimiento de esta quebrada se ubica en la falda norte de la serranía La Fila, unos 1400 metros sobre el nivel del mar (aproximadamente en la Latitud 10°33'30"N. y la Longitud 66°57'40" O.). Su nombre se debe al cacique *Curucutí*, de nación *tarma*. El nombre caribano es diminutivo y significa "Pequeña Corocora" *(Ibis ruber)*, por aglutinación de la voz *curucur* y el diminutivo *tik*. El cacique tal vez usaba plumaje de esta ave en su penacho. Fue uno de los más fieles seguidores de *Catia, Guaicaipuro y Naiguatá.*

CUSUY: Nombre de una punta ubicada entre *Anare* y Los *Caracas,* en Latitud 10°37′50″ N. y Longitud 66°35′20″, aproximadamente. La voz parece de origen *arawak,* y puede ser la alteración fonética de la voz *cucuy,* el agave *(Fourcroya cubensis, F. geminis, F. gigantea* y *F. vivipara).*

CHARAS *(LAS):* Fila ubicada en la parroquia *Caraballeda,* Latitud 10°35′ N y Longitud 66°50′ O, aproximadamente. Debe su nombre a un árbol grande *(Byrsonima coriacea)* que produce un fruto parecido al castaño. La voz es de origen *caribe,* del dialecto *tamanaco* y aparece documentada por vez primera por Alexander Roxas Queipo en *Villa de San Juan Bautista del Pao, Diziembre 10 de 1768* [11]

La palabra también designa a la quinta o lugar de recreo, provista de un pequeño jardín. En esta acepción, que significa "jardín" o "huerto pequeño", la voz procede del *kalina (caribe* insular) *chali,* "huerto, jardín". Por otra parte, en el idioma quechua, la palabra parecida *chácara* (pronunciada de varias formas: *chácara, chacra, chara, jacra, hacara, chajra),* designa también un jardín o huerto de cultivo intensivo, el *conuco* familiar. Esto sólo nos hace pensar que la palabra puede provenir de una lengua originaria matriz que existió en América, o bien que

---

[11] En la obra *Relaciones Geográficas de la Gobernación de Venezuela (1767-1768).* Madrid, 1909, pág. 55.

se extendió desde el Perú hacia el norte, en labios españoles.

CHICHIRIVICHE: Poblado situado en la parroquia *Carayaca*, entre los 10°32'52''de Latitud Norte y los 67°14'24'' de Longitud Oeste. El topónimo se repite en los estados Sucre y Falcón. La palabra tiene una connotación marina, como los poblados que designa. Es de hacer notar que algunos cronistas escribieron *Chiribiche*, esto es, sin repetir la primera sílaba, lo cual nos recuerda que en el caribano es costumbre la iteración de una sílaba con fines eufónicos, enfáticos o aumentativos.

Si la voz original fue en realidad *chiribiche*, su etimología probable es *chiric*, "langosta de mar" *(Palinurus vulgaris)* y la terminación *piche* o *biche*, con la acepción de "aguachinado, inundado, muy húmedo" y también "agrio, fermentado", cuando se trata de una comida que se ha dañado. La palabra pervive en el caribano *pemón* actual bajo la forma *pichikipe*. Por lo cual, podemos suponer que la voz designa lugares "aguachinados", de aguas detenidas o muy tranquilas, donde abunda la langosta de mar. También existe la posibilidad de que la palabra sea onomatopéyica e imite el canto de un ave marina, tal vez la *Fragata magnificiens*.

CHINCHORROS *(LOS):* Cerro ubicado en la parroquia *Carayaca*, bordeado al sur por la quebrada homónima. También designa otro cerro ubicado al oeste de *Caraballeda*, que alcanza los 100° metros sobre le nivel mar.

La voz *chinchorro* es orinoquense, y la utilizan indígenas *waraos, otomacos, maipures y sálivas,* pero también los caribanos *chaymas* del oriente, para referirse a la hamaca tejida de fibra vegetal. Está documentada por primera vez por Simón.[12] Esta palabra está actualmente extendida al habla de todo el país. Es de observar como dato lingüístico que en el caso de los indígenas *chaymas* la palabra era pronunciada *chinchoro,* como pronunciaban la voz *morrocoy (morocoy),* es decir, sin duplicar la R.

CHUSPA: Pueblo y río de la parroquia *Caruao,* que sirve de límite con el Estado Miranda. El pueblo, el más oriental del Estado Vargas, se encuentra en el punto de convergencia de las coordenadas 10°37′12″ de Latitud Norte y 66°18′44″ de Longitud Oeste.

La gran bahía de Chuspa fue el lugar donde en 1558 desembarcó el mestizo Francisco Fajardo con 19 españoles, algunos *guaiqueríes* y su madre, doña Isabel, nieta del cacique de los *mayas, Charaima* ("El Gran Chara", por el árbol *Byrsoinima coriacea*).

La palabra *chuspa* es el nombre dialectal local del árbol que los españoles llamaban "quina de Nueva Andalucía" y los indígenas de oriente *cuspa,* que hoy se conoce como "palo amarillo" *(Cuspita trifoliata Willd.),* abundante en esta región de Venezuela.

El río *Chuspa* es uno de los más importantes recursos acuíferos del Estado. Nace en el Topo Portachuelos, a unos 800 metros sobre el nivel del mar, en las coordenadas 10°31′38″ de Latitud Norte

---

[12] Pedro Simón: *Noticias...* Tomo I, página 352, 353)

y 66°19′12″ de Longitud Oeste, y después de recorrer unos 12 kilómetros desemboca en el mar *Caribe*, al sur de Punta Tigrillo, en las coordenadas 10°37′18″ Latitud Norte, y 66°18′44″ de Longitud Oeste.

GUAIRA *(LA):* Capital del estado Vargas. En esta obra se le dedica un capítulo aparte.

GUAMACHO *(EL):* Nombre con el cual se designan en el Estado tres lugares: Un cerro de la parroquia La *Guaira* (10°35′45′, Longitud 66°55′45″, aproximadamente), la cortada de cerros que bordea la costa desde Picure hasta Punta Tarmas (Latitud 10°34′, Longitud 67°05′, aproximadamente), y otro cerro entre El Palmar y *Macuto* (Latitud 10°36′20″ y Longitud 66°52′00″, aproximadamente).

La palabra *guamacho* o *guamache*, designa en caribano al *supí* de occidente venezolano. El nombre se aplica a varios árboles del género pereiska de las cactáceas, el que nos ocupa es el *Pereiska guamacho*. Es común en las regiones xerófitas del país. La forma *guamache* parece ser la original del vocabulario indígena caribano.

GUAMAL *(EL):* Nombre de un sitio ubicado en los límites del Estado Vargas con el Distrito Federal, a la altura de la carretera que va a El Junquito, aproximadamente a los 10°29′de Latitud N., y 67°,30′ de Longitud O. Con el mismo nombre se designa una quebrada que cae en el río Tacagua. *Guamal* es un sitio poblado de *guamas*. El *guamo* o *guama (Inga laurina Willd.)* es un árbol según Agustín Codazzi "de hermosa copa, bellas flores y vainas peludas que contiene semillas envueltas en una pulpa suave y azucarada"[13] La voz *guama* es de origen *arawak (taíno)*. En el lenguaje común de los campesinos, también se llama *guama* a otro árbol que los botánicos distinguen como el *Lonchocarpus serieceus* H.B et Kunth.

GUARACARUMBO: Lugar ubicado en la Fila La Tigrera, en la Latitud 10°34'15" y la Longitud 66°59'30" aproximadamente, a unos 750 metros sobre el nivel del mar, a la orilla de la llamada Carretera Vieja de La *Guaira*. El nombre se a dado también a la loma donde se construyó la urbanización "Armando Reverón" en Catia La Mar (latitud 10°35'33" y longitud 66°00'30", aproximadamente).

Guaracarumbo fue el nombre de un cacique contemporáneo de *Pariata, Maiquetía, Curucutí y Naiguatá* en la época más ardua de la lucha contra los conquistadores españoles.

Guaracarumbo parece ser una palabra formada por aglutinación de las voces *guaracare* o *guaracaru*, "mono"; *um*, apócope de *yum*, "padre"; y *bo*, partícula eufónica, suavizada del enfático *po*, más común en caribano. Lo anterior implica que significa "El padre del mono", lo cual implica una relación mítica con el animal.

Ahora bien si el sustantivo se origina de árbol llamado *guarca*, del cual hacían los indios sus arracadas o zarcillos, entonces el nombre significa "Padre de las Guarcas o Arracadas" Lo cual puede

---

[13] Agustín Codazzi: *Resumen de la Geografía de Venezuela*, pág. 107.

significar que el cacique llevaba muchos pendientes y aretes.

GUARANACHE: Cerro ubicado en las de la Quebrada *Tacagua*, más al oeste de Cerro Negro, con una altitud aproximada a los 700 metros sobre el nivel del mar. La palabra *guaranache,* que contiene la voz *guarena,* "paja, yerba", significa "enmontado", "montuoso" y hace alusión a su bosque intrincado. Calculamos su posición matemática aproximada en los 10°34'00" de Lat. Norte y los 67°01'00" de Long. Oeste.

GUANAPE: Nombre de una quebrada y de un sitio ubicado al lado del cementerio de La *Guaira*. Latitud 10°36'30" N., Longitud 66°53'02" Oeste, aproximadamente. El nombre caribano, del *chayma* y el *cumanagoto*, significa *conuco*. También se encuentra escrito *guanapo, guanapu, guanapur.* Existe un topónimo similar en el Estado Anzoátegui.

GUARAPAL: Sitio de la parroquia *Carayaca*, ubicado en la ruta de *Tarma* Abajo a *Casupal*. Ubicación aproximada: 10°32'15" Latitud Norte y 67°10'00". La palabra indica el sitio donde abunda la *guarapa (Bauhinia obtusifolia)*, árbol papilionáceo de una madera excelente para construir embarcaciones. La palabra se origina de *chayma urape,* con el cual designan otro, el *Bauhinia megalandra* Grisel. La voz la documenta Codazzi, en 1841, cuando denomina la especie *Bauhinia multineria*.

GUARAPO *(EL):* Nombre que denomina a dos cerros distantes, ubicados ambos en *Maiquetía*. El del Oeste tiene unos 500 metros sobre el nivel del mar, el del Este, unos 678.

El nombre tiene amplia extensión en América Latina, pues designa el jugo que se extrae de la caña de azúcar *(Sacharum officinarum L)*.

GUARE: Sitio actualmente casi despoblado de *Carayaca* y asiento de la hacienda homónima. (Ubicación: Lat. 10°31′45″N, Long. 67°09′15″ O.). La hacienda fue fundada antes de 1700 por un tal Francisco Milano. La palabra significa "ayer" en *cumanagoto*, pero difícilmente lo utilizarían los indios como nombre de un sitio. Sin embargo, el nombre *guaré* y *guarek* se da en *cumanagoto* a una ranita cantora, y este sí podría ser el nombre del lugar.

GUARICUAY: Quebrada ubicada en *Tarmas*. El nombre tiene relación con el anterior y la traducción más exacta es "Quebrada de las Ranas Cantoras", en el caribano antiguo.

GUAYABAL: Sitio ubicado más arriba de la hacienda *Curucutí*, a unos 1000 metros sobre el nivel del mar, en la ubicación matemática aproximada de 10°33′50″ de Latitud norte y 66°57′45″de Longitud Oeste. *Guayabal* designa el sitio poblado de *guayabos (Psidium Guayava Raddi, Psidium pomiferum L., Psidium pyriferum)*. El *guayabo* es una mirtácea que puede alcanzar gran altura, aunque la variedad llamada raijana es un arbusto bajo. La voz es *arawaka* y *caribe* y fue documentada por primera vez por Fernández de Oviedo. [14]

GÜENQUE: Quebrada y sitio donde desemboca, en el sector de playa de Las *Tunitas* en Catia La Mar. Nace en el cerro Buena Vista (Lat. 10°34'20''N., Long. 67°03'54''). El sitio es una playa de piedras rodadas, donde abundan las cavidades abiertas por el oleaje. (aproximadamente Lat. 10°35'30'' N, Long. 67°04'00''). La voz es el nombre local del rabipelado *(Didelphis marsupialis)*, al cual también se le da el nombre de *quenque*.

El nombre es agulitación de dos voces: *yen* o *güen,* que significan "barriga, vientre" o "recipiente", respectivamente, y *-que,* "con". También puede ser unión de *quen* (rabo) y *-que,* "con". Con ambas expresiones, que al parecer se usaban indistintamente, se describe bastante bien al animal, pues se distingue por ambas cosas: por el recipiente en su barriga y por su larga cola "pelada". Es de advertir que los caribanos solían agregar a los nombre una *i* inicial cuando hablaban de algo en tercera persona, así como en la voz *irapa,* lapa. Originalmente, entonces, el nombre del rabipelado pudo ser *iwenke,* o *ikenke.* Se puede suponer que esta quebrada fuese un buen lugar donde cazar estos animalitos que aún hoy día son comunes en la zona.

GÜIRE *(EL):* Caserío de la parroquia *Carayaca,* ubicado a unos 700 metros sobre el nivel del mar. Latitud 10°30'35'' Norte, Longitud 67°10'30'' Oeste, aproximadamente. El nombre se aplica a una especie de pato silvestre del país y es onomatopéyico. Por

---

[14] Gonzalo Fernández de Oviedo: *Sumario...*, Tomo I, pág. 500.

esta razón, se dice también *güigüirirí,* nombre que sirve con una pequeña modificación para designar un cerro de La *Guaira.* También se llama a este pato, *güirirí.*

IGUANA: Quebrada ubicada en la Latitud Norte 10°34'45" y la Longitud Oeste 67°05'55", aproximadamente, en las cercanías de *Taguao.* La palabra es de origen *arawaco* y designa al reptil denominado científicamente *Iguana iguana* o *Iguana tuberculata* Luur. La carne de la *iguana* es muy apetecida, razón por la cual es un reptil que pudiera estar en peligro de extinción, precisamente porque muchos las cazan por los huevos, muy solicitados en ciertos círculos gastronómicos.

IRAPA (ALTO DE): Altura montañosa ubicada en la parroquia El Junco, entre las coordenadas 10°28'18"de Latitud Norte y 67°03'24" de longitud Oeste. Alcanza los 1800 metros sobre el nivel del mar y es un punto de referencia limítrofe entre el Estado Vargas y la parroquia *Macarao.* La palabra *irapa* es caribana, significa *lapa,* en realidad es la adaptación al *caribe* de esta voz ajena a él, nótese que cambia la *l* en *r* y le agrega la eufonía *i.* También designa una ciudad y región del Estado Sucre. La voz es común a muchos idiomas caribanos antiguos.

MACANILLA (LA): Lugar de la parroquia *Carayaca,* ubicado en la Latitud Norte 10°30'30" y la Longitud Oeste 67°09'40", aproximadamente. Debe su nombre a la palmera conocida como *pijiguao, pichipuao* o *piriguao (Bactris Gasipae* HBK, *Bactris macanilla* Hort.,

Bactris setulsoa Spligt., *Bactris ciliata,*Mart.), denominada *macanilla* por los españoles. El nombre es importante porque de esta palmera los indígenas elaboraban sus famosas *macanas*, espadas vegetales que llegaban a ser muy filosas y servían tanto para la guerra como para la roza de sus sementeras.

La *macanilla* era abundante además de protegida por los indígenas, principalmente por su gran utilidad para proveerlos de las macanas. De hecho, se especula que tan vez en algunos lugares apropiados llegarían a cultivarlas y a utilizarlas como objeto de trueque. La voz *macana* de la cual los españoles derivaron el nombre de la palmera, es *arawaka*. Contiene el étimo *maca*, "tronco de palmera".

Entre los indígenas de cultura *caribe* y *arawaka*, la *macana* era de uso exclusivo del cacique, estaba siempre cuidadosamente labrada y en algunas ocasiones hasta decorada con primorosas piedras preciosas. Aunque algunas tribus empleaban macanas largas como espadas, por lo general eran planas, de palmo y medio de largo y uno de ancho. Los *caribes* las llamaban *butu* y *putu*, los *chaymas*, *apuezana*.

Esta palabra fue documentada por primera vez por el mismo Cristóbal Colón en su Diario:

> ...con sus armas de lanças y flechas, y unas como espadas, de forma de una paleta hasta el cabo y del cabo hasta la empuñadura se va ensangostando, no aguda de los cabos, sino chata, estas son de palma, porque las palmas no tienen las pencas como las de acá (...) y son tan duras

y pesadas que de hueso y quasi de acero no pueden ser más: llámanlas "macanas" [15]

MACANILLAL: Sitio de la parroquia *Naiguatá*, a orillas del río *Anare*. Designa el lugar poblado de *macanillas*. Las coordenadas aproximadas de este lugar son los 10º35'15'' de Latitud Norte, y los 66º39'30'' de Longitud Oeste. También hay un topo con este mismo nombre, ubicado aproximadamente en la Latitud 10º33'00'' Norte y 66º44'00'' Longitud Oeste.

MACUTO: Ciudad capital y río de la parroquia homónima. La ciudad está ubicada en la Latitud Norte 10º25'50'' y la Longitud Oeste 66º02'10''. La población inicial fue la de la nación *tarma* allí asentada que para el momento del arribo de los conquistadores estaba liderizada por el cacique *Guaicamacuto*. Con este nombre los españoles identificaron también la aldea que allí existía.

El *cacique Guaicamacuto* fue uno de los más aguerridos opositores a la conquista española. Aliado con *Guaicaipuro, Naiguatá, Catia, Paramaconi* y otros, mostró una feroz resistencia a quienes incursionaban en el territorio tarma. Finalmente, tras las derrotas de sus aliados, incluido *Terepaima,* el *cacique* quiso evitarle un baño de sangre a su gente y aceptó ser asimilado a la cultura española. Cuando finalmente "aceptó" el bautismo católico, cambió su nombre indígena: le impusieron el nombre Juan, por *Guaica*, pero mantuvo como apellido la voz *Macuto*.

---

[15] Cristobal colón: *Diario: 21 de mayo -4 junio de 1494,* pág. 187)

Su nombre significaba "Cesta de Flechas", donde la voz *Guaicam* significa "flechas" y la palabra *macuto*, "cesta".

La voz *guaica* formaba parte del nombre de la nación *guaiquerí*, que significa "flecha puntiaguda": *guaica*, "flecha", *ikiri*, punta. Mientras que la voz *macuto* tuvo muy buena aceptación y actualmente está incorporada al diccionario de la lengua española, con el sentido de "cesta de mimbre".

La ciudad, denominada San Bartolomé de *Guaicamacuto*, desde 1800 comenzó a ser llamada *Macuto* también por los blancos, de allí que como ciudad mantiene su nombre indígena por encima del patrono católico, invocado en el momento de su fundación, que coincide con la "conversión" de *Guaicamacuto*. Juan Macuto fue luego un hombre melancólico y murió viejo en el poblado que dirigía como *cacique*, o "capitán" como decían los españoles.

MAIQUETIA: Ciudad capital de la parroquia homónima, ubicada entre los 10º36'00'' de Latitud Norte y los 66º57'00'' de Longitud Oeste. En sus inicios fue un pueblo de doctrina, es decir, donde se asignaba a un sacerdote para enseñar la religión al poblado puramente indígena. En este caso, se trataba de indios *tarmas*; pero con el tiempo, algunos españoles edificaron sus casas en el pueblo, dedicándose al cultivo de la caña de azúcar.

Debe su nombre al cacique *Maiquetía*, quien junto con *Pariata*, *Guaracarumbo* y *Curucutí* gobernaban el territorio entre *Guaicamacuto* y *Catia*. Todos estaban coligados por pactos matrimoniales y juramentos de lealtad contra el español y reconocían los liderazgos de *Catia, Naiguatá, Guaicamacuto* y el de *Guaicaipuro,* quien era cacique y piache.

La voz *maiquetía* proviene aparentemente de la voz *taína (arawaka) maíz (Zea Mahis, L.),* apocopada, como todavía la pronuncian nuestros campesinos *máy,* a la que se le aglutinan las voces *que,* "con", y *tiuya,* "aquel que". Es decir, que en base a esta etimología, podemos deducir que Maiquetía tenía una fuerte ascendencia *arawaka,* como *Terepaima,* también podemos decir que su nombre significa, literalmente: "Aquel-con-maíz", "El del Maíz", "Aquel que tiene el Maíz", lo que permite deducir además que sus tierras estaban dedicadas al cultivo de este cereal. (Véase bajo *Pariata*).

Recordemos, una vez más la gran afición de los caribanos por el pan de su cultura madre, la *arawaka,* a saber, el maíz. *Terepaima,* el de la "Arepa Grande" era *arawaco, Pariata* (vide infra) era también amante del maíz, y *Maiquetía,* igualmente. El mismo Fajardo subrayó el valor mítico y práctico del maíz para los indios de Tierra Firme, cuando los llamó *erepa entaino,* "comedores de arepa".

Como nota curiosa, llama la atención la ortografía de la palabra *Maiquetía* en un mapa de Juan Antonio Courten, de 1734: "Maicatía". Esta escritura no da lugar a una confusión entre *Catia* y *Maiquetía,* pues eran distintos, aunque vecinos. Para la fecha del mapa, ya los caciques tendrían unos dos siglos de muertos.

MAMO: Sitio de la parroquia *Catia* La Mar, ubicado entre los 10°35'30'' de Latitud Norte y los 67°03'30'' de Longitud Oeste, emplazado a escasos 10 metros de la línea de costa. En la localidad están asentados el Círculo Militar y la Escuela Naval de Venezuela.

Mamo comenzó como una encomienda de indios tarmas en el año 1569, a poco de ser fundada La *Guaira*, en manos del encomendero Juan de Mendoza.

La palabra *mamo* está extendida en territorio caribano. Hay una laguna con este nombre al sur del Estado Anzoátegui, aproximadamente en los 8°25'00''Lat. N. y los 63°05'00'' Long. O., en cuyas inmediaciones hay dos pueblos del mismo nombre, *Mamo* Arriba y Nuevo *Mamo*. En Guárico encontramos una voz parónima indígena: el río *Memo* (aprox. Lat. 9°58' N. y Long. 66°40' O.).

Además del poblado, en Vargas existe también el río *Mamo*, que se forma de la unión del río *Petaquire* con la quebrada *Yaguara*, en las adyacencias de la Planta de Mamo, entre los 10°32'04'' de Lat. Norte y los 67°05'06'' de Long. Oeste, dirigiéndose en dirección noreste, hasta que al llegar al poblado cambia su curso en dirección noroeste y desemboca en el mar *Caribe*, en el punto de las coordenadas 10°35'36'' Lat. Norte y 67°03'28'' de Longitud Oeste, después de recorrer unos 9 kilómetros. Recibe en su curso como afluente varias quebradas, como El Pozo, *Equere* (El Tigre) y El *Piache*.

El río *Mamo* aparece en la cartografía nacional desde 1578, en un mapa de Diego de Henares, y el sitio, desde 1739, en un mapa de Juan Antonio Courten.

La repetición de la palabra en la geografía caribana, hace suponer su origen *caribe*. En *kari'ña* encontramos para *conuco*, la voz *mañña*. En la cual se nota una posible raíz para indicar "tierra feraz". En *pemón*, se mantiene la raíz *-mua* en la palabra *mua*, "labranza, conuco". Ahora bien, también existe en caribano la voz *mana*, para identificar el "espíritu del agua", presente en la voz *Amana*, que suele identificar pozos y aguas detenidas. Este podría ser el origen de la voz *mamo*, tanto para los fértiles bordes de la laguna anzoatiguense, como de los ríos *Mamo* y *Memo* con sus respectivos valles.

Otra posibilidad es que la palabra sea apócope de *mamón (Melicocca biguja* L.), árbol cuyo fruto es muy apreciado en la zona caribana, aunque la voz parece ser plural.

En *Mamo* la encomienda original con el tiempo fue transformándose en hacienda de caña de azúcar, hasta hace relativamente poco tiempo, en que fue urbanizada.

MAMONAL *(EL):* Sitio ubicado a las orillas de la carretera *Caracas*-La *Guaira*, a la altura de la hacienda *Curucutí*, en la Latitud 10°34'30'' N., y la Longitud 66°58'46'' O., aproximadamente. Hay pueblos homónimos en Anzoátegui (aprox. Lat. N.: 9°31', Long. O.: 65°08'), y en *Guárico* (aprox. Lat. N.: 9°11', Long. O.: 66°04')

La palabra designa el sitio plantado de *mamón (Melicocca biguja* L. o *Talisia hexaphylla)*. La voz *mamón,* es *caribe.* En el *kari'ña* actual el árbol y su fruto reciben el nombre de *maako*. En *Carayaca*, una hacienda fundada en 1839 por Juan Antonio Oropeza, se llama El *Mamón*.

MAPURITE: Quebrada y fila de la montaña ubicada en la parroquia *Carayaca*, al norte de Petaquirito. Latitud 10º31'35'' N., y Longitud 67º17'30'', aproximadamente. La quebrada nace en la ladera oeste de la fila mencionada, aproximadamente en las coordenadas: Lat. N.: 10º31'30'' y Long. O.: 67º17'55''.

La palabra *mapurite* es de procedencia *caribe*. Según Gonzalo Fernández de Oviedo, primero en documentarla, es cumanagota [16] Designa el mamífero *Conepatus gumillae*, nuestra criolla mofeta *(mephitis mephitica Shaw)*. Esta palabra, mantiene sus étimos fundamentales en los distintos dialectos *caribe*s:

Dialecto	
aparai	*machipuri,macipuri*
carijona	*Machihurí*
caribe	*masipuri,mabiritou*
macusi	*Maipuri*
galibi	*Maipuri*
cariná	*Maipurí*
ouyana	*Maipuri*
triometesen	*Maipuri*
chayma	*Mapiriti*
cumanagoto	*Mapurite*
orinoquense	*Mafulitiqui*
kari'ña	*Mapirichu*

El nombre *mapurite* designa también una acacia, que según Codazzi (1841) es de madera dura y útil. Esta planta se ha identificado también con las rutáceas,

---

[16] Gonzalo Fernández de Oviedo: *Historia General y Natural de las Indias.* Tomo II, pág. 260.

por su fuerte olor como de ruda, con el nombre científico de *Zanthoxylum*.

MARAPA: Sitio ubicado en la parroquia Catia La Mar, aproximadamente en la Latitud Norte 10°35′00″ y la Longitud Oeste 66°02′50″. En el dialecto caribano *chayma* la palabra designa el fruto del jobo (*Spondia purpurea* L.). Resulta muy interesante que con el mismo sentido se utilice tan lejos como México, tal vez porque la voz es *taína* (*arawaka*) y los *arawacos* también incursionaron en Centro América.

Ahora bien, el árbol del jobo era denominado *mepe* por los *tamanacos* y actualmente *moope*, por los *kari'ña*; en *maipure*, *kilete*; y en *chayma*, *camare*. Obsérvese cómo es diferente el nombre del árbol y de la fruta, aunque en *tamanaco* y *kari'ña* se mantiene la raíz de la voz *marapa*.

MAYA: Nombre del río ubicado al oeste de la parroquia *Carayaca*. Sirve de límite entre Vargas y *Aragua*. Se forma en las coordenadas 10°26′58″ de Latitud Norte y 67°22′08″ de Longitud Oeste, por la unión de las quebradas Las Minas y la Moralera, al este del pueblo Las Marías. Desde este punto de unión el río recorre unos 20 kilómetros antes de desembocar en las inmediaciones de Puerto *Maya*, en la Latitud Norte 10°32′00″ y la Longitud Oeste 67°23′54″.

El río debe su nombre a una tribu que dominaba la zona a la llegada de los españoles. La palabra original, que parece de origen *quiché*, designa a una bromeliácea que produce unos racimos de frutos parecidos a grandes *cotoperices* de corteza corácea, la *Bromelia chrysantha,* de gran significación ceremonial y astronómica entre los pueblos *caribes*, caribanos y no caribanos.

De las informaciones disponibles de las naciones y tribus caribanas se desprende la importancia de esta planta. En primer lugar, necesario es recordar que ellos medían el tiempo por medio del sol, la luna y las estrellas. Así, para designar el día usaban, y aún usan, la palabra para "sol": *chis (cumanagoto* y *chayma), wei (pemòn), shi (yekuana).* Para designar el mes, usaban la palabra "luna": *nuna (cumanagoto, chayma, yekuana), kapui (pemón), nuuno (kari'ña).* Naciones no caribanas, como los *warao,* utilizan el mismo sistema: mes: *waniku* (luna); mes: *ya* (sol).

El tiempo más largo, el año, lo medían con la aparición en el cielo nocturno de las Cabrillas o Pléyades, a las cuatro de la mañana del mes de junio. Allí comenzaba el año nuevo indígena. Entre las naciones y caribanas, esta constelación se llamaba *Mayaguaray* o *Mayaguarayo,* "El Racimo de *mayas".*

El movimiento nocturno de las Pléyades, el *Mayaguarayo,* servía a los caribanos para medir el tiempo en la oscuridad. El cielo era objeto de especial atención por parte de estos antepasados. "El racimo de *mayas"* tenía además un valor mítico, al punto de que muchos caribanos, como los *chaymas* decían ser originarios de las Pléyades.

Del zumo de la fruta de la *maya* extraían los caribanos una bebida que les servía en sus embriagueces rituales y festivas. Es muy posible que la recolección de la *maya* la iniciaran en junio, precisamente con el inicio del año pleyadino, y podría extenderse entre junio y octubre, o junio y principios de diciembre o finales de noviembre, mes este en que desaparecen en el horizonte. Entonces los caribanos medían seis *nuna* sin *Mayaguarayo*, hasta el nuevo aparecimiento. La *maya* era una fruta "sagrada" y un símbolo de la fertilidad entre estos indígenas caribanos locales. Como rescoldo de su significado, actualmente en *Aragua* de Maturín, en el mes de mayo, cuando se avecina el nuevo año indígena, se celebra El Baile de la *Maya*. Los pobladores de aquel lugar eran llamados por los *chaymas*, *"maya entaino"*, comedores de maya.

El nombre *Maya* también se le da al puerto donde desemboca el río, en las coordenadas ya apuntadas.

El topónimo se encuentra también en otras regiones caribanas, como Anzoátegui (aprox. 9°12' Lat. N., y 65°08' Long. O.)

MAYITA *(LA):* Sitio ubicado en la parroquia *Carayaca*, es el diminutivo castellano de la palabra *maya (Bromelia chrysantha, o Bromelia lasiantha)*

MAYUPAN: Antigua hacienda fundada en 1861 en las inmediaciones del río Guapo, cerca de Tarmas. La palabra se origina de la voz *mayapano*, que significa "lleno de *mayas*".

NAIGUATÁ: Ciudad capital de la parroquia homónima. Latitud 10°37'30'' Norte y 66°44'10'' de Longitud Oeste. Debe su nombre al gran cacique de los *Caracas*, *Naiguatá*. La ciudad comenzó como doctrina de indios en 1710, aunque ya existía el centro poblado original en honor al jefe indio. Inicialmente en el pueblo sólo vivían indígenas que mantuvieron orgullosamente el nombre del sitio, sobre el cual se había invocado la protección de san Francisco. Los españoles, por su parte habitaban en las haciendas de cacao de los alrededores.

Cuando el cacao se convirtió en una fuerte base económica de la provincia de *Caracas*, entonces la población de *Naiguatá* se vio incrementada por un alto porcentaje de población negra, destinada la labores de siembra y cosecha, lo que facilitó el mestizaje de la raza indígena con la africana.

Sirva esta referencia al aporte negro al trabajo de las haciendas, para dejar asentado un aspecto sobre el cual se han hecho muy pocos análisis, contribuyendo con la leyenda del indio venezolano como perezoso y de allí habría quedado un supuesto atavismo en el venezolano. Los indígenas varones, en las naciones caribanas se dedicaban a las actividades de caza, pesca y roza del conuco. Todas las otras labores agrícolas eran encomendadas a las mujeres, y en forma muy particular la cosecha, ligada en sus mitemas y creencias a la fertilidad.

Por lo tanto, la aparente indolencia de los indígenas hacia las labores del campo, incluida la cría de animales que en cierto modo implica conceptos de cosecha y de fertilidad, no era sino una resistencia a romper los tabúes relacionados con sus condiciones de cazadores y guerreros. Por supuesto, los negros eran más fuertes físicamente, más resistentes a las exposiciones al sol y por lo tanto más rendidores en las labores agrícolas y pecuarias relacionadas con la siembra, cuido y recolección de cosechas, así como cría de ganados.

La llegada de los negros a *Naiguatá* implicó cambios en la cultura de la población que más o menos evolucionados se han mantenido hasta nuestros días. La población, conocida en tiempos coloniales como San Francisco de *Naiguatá*, mantuvo su nombre indígena relegando al olvido el nombre católico. En realidad, el orgullo de los lugareños originales por su *cacique* ancestral fue lo que mantuvo vivo este nombre. *Naiguatá* tenía parentesco de hermano con la madre de Fajardo, la cacica Doña Isabel *Charaima*, lo cual lo convertía en tío de Francisco Fajardo, Sinembargo, *Naiguatá* fue uno de los que junto con *Guaicamacuto*, *Catia* y *Guaicaipuro* se coligó para hacerle frente a los fundadores de *Caracas* en 1567, una vez ido el mestizo.

El nombre *Naiguatá* también se le da al pico ubicado en las coordenadas 10°3248'' de Latitud Norte y 66°47'00'' de Longitud Oeste, que constituye la mayor altitud de la Cordillera de la Costa, con sus 2.765 metros sobre el nivel del mar.

Asimismo, se llama *Naiguatá* al río situado en misma parroquia que se forma por la confluencia de la quebrada Mata de Plátano* con los ríos Grande y Palos Morochos, en el punto donde se encuentran las coordenadas 10°24'34'' de Latitud Norte y 66°00'48'' de Longitud Oeste, para luego desembocar en la ciudad de *Naiguatá* en el punto de las coordenadas

---

* Obsérvese sobre este nombre lo dicho acerca de la voz *Camurí* o *Camburí*.

10°37'38'' de Latitud Norte y 66°44'28'' de Longitud Oeste.

¿Qué significa *naiguatá?* Humboldt en su relación de Viajes, escribió *Niguatar,* nombre que significa "Lugar de Niguas"*(Sarcopsylla penetrans* L.); pero nos parece improbable esta significación. Recuérdese que las voces indígenas para ser transcriptas necesitan años de contactos con ellos y por lo tanto un oído muy bien entrenado. El hablante del español, idioma vocálico, con frecuencia pasa por alto los sonidos consonánticos, así como los vocálicos suaves. Muchos cronistas de Indias, por su educación y cultura intentaban darle formas latinas a las voces extrañas que oían en labios de los indígenas.

Hechas estas consideraciones, veamos las posibilidades con el nombre de *Naiguatá.* Si la voz original fue *Enaiguatar,* la significación del nombre sería: "Sitio del entrenamiento" o "de la Enseñanza", pues, *enaigua* es enseñar y *-tar* es sitio, lugar. Esto nos lleva a considerar que era el lugar de iniciación, entrenamiento y "graduación" de los *piaches* de la nación *caracas.*

¿Cuál podría ser el lugar exacto de tales ritos? Indiscutiblemente, dado el valor mítico que tenían (y tienen) las alturas en las naciones *caribes* y caribanas, como sitios sagrados de habitación de los "espíritus" y de las "almas de los antepasados", el lugar lógico es el cerro de *Naiguatá.* En los lugares altos era donde los *piaches* entraban en trance, en contacto con tales "espíritus", con la ayuda de algunos alucinógenos como el *hayo.* Allí, en el pico *Naiguatá* se les harían las pruebas y se les comunicarían los secretos a los futuros *piaches* y hasta a *caciques*. Las enseñanzas las recibirían los aprendices de *caciques* y *piaches* ya ancianos quienes, para resguardo de las tribus y para que no murieran los conocimientos con ellos, a la manera de los *griots* descritos por Alex Haley*, transmitirían sus conocimientos a las nuevas generaciones de iniciados.

También hay otra interpretación algo fantástica del nombre *Naiguatá*, que igualmente se aplicaría al pico. Ha sido escuchada por el autor en charlas cultas de corte indigenista con un elevado concepto de nacionalismo, en las cuales se nos presenta como la cuna de los antiguos *nahuatl* (*nahoas*, como los llamaba el Dr. Elías Toro en sus escritos y cursos de antropología de principios de siglo en la UCV).

Pretenden estos intérpretes que el pico hace honor a los *náhoas,* quienes le dieron el nombre de *Nahuatl,* o *nahuate* para los caribanos, quienes le agregarían el sustantivo *-tar.* Esta explicación agrega a la explicación la supuesta existencia de pirámides sumergidas enfrente de la localidad actual de La Salina, parroquia *Carayaca*, así como en el Golfo de *Cariaco*, en donde las formas piramidales supuestamente han sido fotografiadas por investigadores submarinistas[17]. También hablan algunos intérpretes de supuestas micro-pistas de lanzamiento de cohetes que supuestamente existen

---

* Alex Haley: *Raíces*. Edit. Edime. México.
[17] En el Suplemento Cultural del diario *Últimas Noticias,* del domingo 21 de septiembre de 2003 (p. 40) se recogen algunos datos de los estudiosos de la agrupación Apahive, que han hecho estas exploraciones.

en el cerro y de micro-naves surcando los cielos desde el pico *Naiguatá*, al cual identifican con una pirámide atlántida oculta bajo miles de años de abandono. A estas explicaciones, algunos de gran imaginación agregan entrenamientos extraterrestres al estilo de las propuestas de Erick Von Däniken.

La "loca de la casa" que llamaba Voltaire da para muchas cosas, y muchas veces acierta en lo más insospechado. Sin embargo, es necesario que le pongamos el límite del razonamiento. Aunque pudiera ser razonable la existencia de pirámides hundidas aquí o más allá, cuesta creer (que no imaginar) en naves tripuladas por *náhoas* expelidas desde el pico *Naiguatá*.

OCUMARITO: Quebrada en la serranía de la parroquia *Catia* La Mar. Nace aproximadamente en la Latitud Norte 10°32'18'' y la Longitud Oeste 67°01'08''. El nombre es el diminutivo de *Ocumare*, o sea, el ocumal, sitio plantado de *ocumo (Xanthosoma sagittifolium)*. La voz es del *caribe* continental de Venezuela, que en el *kari'ña* actual se conserva bajo la forma *akuumo*.

ONOTO: Sitio de la parroquia *Maiquetía*, ubicado aproximadamente en la Latitud 10°34'10'' Norte y la Longitud 66°58'40'' Oeste. En nombre del sitio viene del árbol de *onoto (Bixa orellana)*, conocido también como *bija* y *caituco*. El *onoto* era utilizado por los pueblos *caribe*s y caribanos para pintarse en el ritual previo a las grandes fiestas y batallas. A tales efectos, preparaban un ungüento con *copaiba* o *currucay*, *mara, caraña* o *carapa*, como bases para hacer las pinturas.

Estos aceite junto con el polvo que desprendían de las semillitas del *onoto,* constituían una pasta con la cual se untaban el cuerpo y el rostro. Luego, con la indumentaria apropiada para la ocasión, festiva o guerrera, celebraban una danza bajo la dirección del *piache,* después de consumir grandes cantidades de *mazato,* la bebida embriagante acostumbrada entre ellos, compuesta por chicha de maíz o jugo de frutas fermentado.

ORICAO: Nombre dado a un río y a un sitio de la parroquia *Carayaca.* El río tiene sus nacientes en la cara noreste del topo Media Legua, a una altura aproximada de 1800 metros sobre el nivel del mar, aproximadamente entre los 10°27'44'' de Latitud Norte y los 67°11'26'' de longitud Oeste. Recorre unos 15 kilómetros, en el curso de los cuales recibe como tributarias a las quebradas Guasca y Pasaguaca.

El sitio tiene larga historia, es decir, desde que fue fundada la hacienda *Uricaro* por Martín Moscoso en 1691. La posición matemática aproximada de este lugar es de 10°33'11'' de Latitud Norte y 67°11'00'' de Longitud Oeste.

Fue asiento de una comunidad indígena *tarma* antes de ser hacienda. Cuando se explotó la producción de cocos en la zona, *Uricaro* u *Oricao* tuvo mucho auge poblacional y económico, que mermó cuando no fue económicamente importante.

El nombre parece una transformación de la voz *uricagua,* donde el final *cagua* es asimilación de *icuar*, "quebrada, riachuelo"; de la misma manera como ocurrió con la voz *Carinicuar* en el Estado Sucre, hoy denominado *Carinicuao*.

Puesto que el nombre está formado por dos voces, *guori*, "pavita de monte" *(Penelope purpuracens)* e *icuar*, "quebrada, río", significa "Río o Quebrada de la Pavita de Monte".

Actualmente, en la zona se ha desarrollado un complejo urbanístico de un club homónimo, al cual los lugareños le hicieron mucha oposición en nombre de sus derechos indígenas ancestrales sobre el lugar, pero sin resultados.

ORITAPO: Pueblo y río de la parroquia *Caruao*. El pueblo está ubicado matemáticamente en las coordenadas 10°37'46'' de Latitud Norte y 66°28'36'' de Longitud Oeste. Está emplazado a solo 50 metros de la línea de costa.

El río, nace al sur de la fila Pilón de la Montera, a una altura aproximada de 1600 metros sobre el nivel del mar, entre los 10°33'20'' de Latitud Norte y los 66°31'16'' de Longitud Oeste, y después de recorrer unos 8 kilómetros por la montaña desemboca en el mar *Caribe*, en el punto de las coordenadas 10°37'56'' de Latitud Norte y 66°28'36'' de Longitud Oeste, cerca del pueblo, en una punta también llamada *Oritapo*.

El nombre significa "La casa de la Pavita de Monte", y proviene de las voces caribanas *guori*, "pavita de monte"*(Penelpe purpuracens)* y *tapú* o *tapui,,* "casa". Se ha sugerido la posibilidad de que se trate de una transformación de la voz caribana *oripopo*, con la cual se designa a una de nuestras aves rapaces, el *Cathartes aura*, una muy voraz que tiende a ser confundida con los zamuros y otros similares que gustan de la carroña. Se deja apuntado el dato, a título de curiosidad.

OSMA: Pueblo y río de la parroquia *Caruao*. El pueblo está ubicado en la Latitud 10°37′32′′ Norte y la Longitud 66°30′38′′ de Longitud Oeste. El río tiene sus nacientes a unos 800 metros sobre el nivel del mar en una de las montañas de la cordillera de la costa, en el punto matemático de las coordenadas 10°34′30′′ de Latitud Norte y 66°32′00′′ de Longitud Oeste, desde donde desciende con rumbo variable hasta el mar *Caribe*, donde desemboca en la unión de las coordenadas 10°37′32′′ de Latitud Norte y 66°30′38′′ de Longitud Oeste, después de pasar por el pueblo Osma.

La palabra *osma* se supone de origen africano. Sin embargo, puede ser la aglutinación de las palabras indígenas *ochi*, un árbol mirtáceo de la región y el sufijo aumentativo -*ma*, con lo cual la palabra significa: "El gran árbol Ochi". Algunos más atrevidos, nos han propuesto que se trata en efecto de una voz mestiza, zamba, formada por el nombre de una de las divinidades africanas, *Ochú*, unida a la terminal indígena -*ma*. De este híbrido, resultaría la voz *Ochú-ma*, suavizado con el paso del tiempo y por los hablantes criollos en *Osma*. Este origen hace pensar en *Osma* como uno de los tantos *tambos* en los cuales se refugiaban los negros fugitivos y los rebeldes, entre éstos, algunos indígenas huidos de las doctrinas y encomiendas.

PARAMANCITO: Sitio del pueblo de *Caruao*. Es el diminutivo de un famoso árbol tropical, el *peramán* o *paramán (Symphonia globulifera* L.). La voz *peramán* contiene la raíz *cumanagota maní*, que significa "cera, pez". El *peramán* produce una resina que al contacto con el aire se torna negra y es utilizada en la medicina ancestral venezolana.

PARIATA: Centro poblado que formaba parte de la parroquia Maiquetía y hoy pertenece a la Carlos Soublette. Está ubicado aproximadamente en las coordenadas 10°36′00′′de Latitud Norte y 66°57′40′′ de Longitud Oeste.

Debe su nombre al cacique *Pariata*, quien tenía sus dominios en esta zona. La voz, de procedencia caribana, *cumanagota*, se compone de *paria*," maíz de grano amarillo" *y -tar*, aféresis de *patar*, "lugar, sitio", de donde *Pariata* significa "Lugar del Maíz Amarillo". Esto indica que en este sitio se cultivaba el maíz *paria* con preferencia al maíz blanco, *ayaze* o *añaze.*

Esto significa que el lugar le dio su nombre al indio y no al revés. Es probable que este cacique fuera el custodio de los plantíos de maíz amarillo que estaban estratégicamente bajo la supremacía de *Maiquetía*, señor este que, después de *Naiguatá* y *Guaicamacuto*, era quien ejercía la jefatura en la región. (Véase *Maiquetía, supra*).

Pariata fue uno de los grandes caciques asistentes al congreso celebrado entre los capitanes indios del centro, a proposición de *Catia* y de donde se decidieron las estrategias y el compromiso de lealtades mutuas entre las luchas contra el invasor, bajo el comando de *Guaicaipuro*, el más joven, el *cacique piache* del centro.

Aunque entre los caciques no existían rangos, es de advertir que el que comandaba mayor número de hombres se consideraba el más poderoso. En esta región costera, los más poderosos eran *Catia,, Guaimacuare, Guaicamacuto* y *Naiguatá*. Mientras que *Pariata, Curucutí, Guaracarumbo, Maiquetía, Guarauguta, Carapaica,* entre otros, tendrían menos territorio, menos hombres y, por lo tanto, menos poder.

PASAGUACA: Quebrada de unos 4 kilómetros de recorrido, situada en la parroquia *Carayaca*. Nace al noroeste del Alto de *Cusparal** en la unión de la corrientes de agua llamadas Paso Real y La Monera, en el punto de convergencia de las coordenadas 10°31'48'' de la Latitud Norte y 67°11'50'' de la Longitud Oeste. Desemboca en el río *Uricao*, en los 10°33'30'' de Latitud Norte y los 67°11'00''.

Aunque el nombre de la quebrada parece la unión de las tres palabras castellanas "pasa agua acá", hay una gran similitud con la formación caribana *pasaú-guaca*, que significa "Cascada que tumba". Tal vez en el pasado, las aguas de la quebrada fueron suficientemente abundantes para tumbar con sus saltos.

PAUJÍ: Cerro de unos 1169 metros de altitud, ubicado aproximadamente en la coordenadas

---

* Cusparal significa sitio poblado de *cuspas (Cuspita trifoliata Willd.)*

10°33'00'' de Latitud Norte y 66°53'55' de Longitud Oeste.

Debe su nombre al *paují (Crax tuberosa, Pauxi galeata, Crax nigra)*, ave que tiene sobre el pico una forma dura como una piedra, se parece un poco al pavo. Aunque la palabra la comparten varias lenguas indígenas de Venezuela, parece de origen quechua. En el siguiente cuadro, puede verse la similitud en algunas lenguas aborígenes:

Lengua	Palabra Paují
Baure	*pojí*
Chayma	*paoxí, paochí*
Cumanagoto	*pahuichy*
Pemón	*paví*
Quechua (Perú)	*paujil*
Tupí	*paushí, pauxí*

La primera documentación de la palabra fue en esta región, en el año 1578:

Hay un género de paujíes del cuerpo de un ansar, aunque más bien sacados, es ave negra adamascada, el un género de ellos tiene una piedra azul en la cabeza poco menos que huevo de gallina, pies y picos amarillos... [18]

PERICOCO: Quebrada y centro poblado de la parroquia *Carayaca*. El pueblo está situado al sureste del dique de *Petaquire*, entre los 10°28'00'' de Latitud Norte y los 67°08'30'' de Longitud Oeste.

---

[18] *Relación de Nuestra Señora de Caraballeda*, en: *Op. cit.*, pág. 132.

La quebrada nace al norte del Alto de *Izcaragua*, a una altura de 1800 metros sobre el nivel del mar, entre los 10°27'52" de Latitud Norte y los 67°07'42" de Longitud Oeste. Avena sus aguas en el río *Petaquire*, a la altura del punto 10°29'00" de Latitud Norte y 67°08'10" de Longitud Oeste. Recorre unos 3 kilómetros antes de caer al río *Petaquire*. Es de observar que este curso de agua debe recuperarse de la contaminación que en ella vierten las cochineras.

El nombre *pericoco* designa un vegetal que produce unas fruticas pequeñas, del tamaño de un garbanzo, de color blanco y comestibles. Posiblemente se trata de la planta llamada por Pittier *Zizyphus Saeri*. Esta planta debe abundar en la región caribana, pues hay otros dos pueblos distintos con este nombre: Uno del Monagas (aprox. Lat. N.: 9°18'; Long. O.: 63°24') y otro en Carabobo (aprox. Lat. N.: 68°23': Long. O.: 10°10')

PETACAS (LAS): Sitio de *Carayaca*, ubicado en las coordenadas 10°31'30" de la Latitud Norte y 67°16'40" Longitud Oeste, aproximadamente.

La voz *petaca* designa una maletita hecha de mimbre, estera o junco. La palabra tiene origen náhuatl (azteca): de *petatl* (estera) y *calli* (casa). La documenta por primera vez en 1530 García de Pilar [19].

Al parecer, la cercanía de un pueblo llamado Petaquirito sugirió el nombre de Las Petacas para este poblado, bajo la creencia de que aquél tenía algo

---

[19] García de Pilar: *Colección de documentos para la Historia de México*. México, 1858-1866, pág. 259.

que ver con *petacas*. También hay una quebrada denominada Las Petacas, que nace en la ladera norte del topo El Corozo, aproximadamente a 1000 metros sobre el nivel del mar, que se une luego al río Petaquirito.

La voz *petaca* se generalizó tanto desde la Colonia que ha pasado felizmente al castellano.

PETAQUIRE: Pueblo de la parroquia *Carayaca*, ubicado en la Latitud Norte 10°27'00'' y la Longitud Oeste 67°10'20''. La palabra designó a una tribu de nación *tarma* que se distinguió por onotarse el rostro o bien por tatuárselo en ocasión de las grandes fiestas y batallas.

La voz *Petaquire* contiene dos étimos caribanos: *peta,* "cara" y *kiri*, "agradable, bello", de donde, *petakiri* significa "cara bella".

Petaquire tiene parecido fonético con la voz náhuatl *petaca.* Si hay tal relación, porque para la época de la conquista ya se había extendido la voz *petaca* desde México hacia el sur, entonces la palabra *petaquire,* significaría "petaca o estera bella". ¿Qué nos sugiere en los alrededores de Petaquire la existencia de algo parecido a una Petaca Bella? ¿Sus cerros verdes llenos de carrizo?

La otra posibilidad, dentro de los límites de los dialectos caribanos, es que la voz sea la aglutinación de dos étimos: *patar* (lugar, sitio) y *kiri* (bello, agradable); de donde resulta el significado de "Lugar agradable o bello" *Pata(r)kiri*, con lo cual estaríamos reconociendo un excelente buen gusto paisajístico en nuestros indígenas, que sin duda lo tenían.

La tercera posibilidad queda explicada, bajo *Carayaca* (vide supra).

PETAQUIRITO: Río y sitio poblado de la parroquia *Carayaca*. El poblado está ubicado matemáticamente en las coordenadas 10°31'00'' de Latitud Norte y 67°17'30'' de Longitud Oeste. El río, de 5,5 kilómetros de extensión, nace en la ladera noroeste del topo El Corozo a unos 1200 metros sobre el nivel del mar, en el punto de convergencia de las coordenadas 10°30'20''de Latitud Norte y 67°16'24'' de Long. Oeste, pasa por el poblado de Petaquirito y finalmente desemboca en el mar *Caribe*, en la punta llamada Piedra Arpón, en las coordenadas 10°32'52'' de latitud Norte y 67°1736'' de Longitud Oeste. *Petaquirito* es diminutivo de *Petaquire* (vide supra).

PIACHE *(EL)*: Lugar de la parroquia *Catia* La Mar, ubicado en la Latitud Norte 10° 34' 15'' y la Longitud Oeste 67° 02' 20'' Longitud Oeste, al lado de la quebrada del mismo nombre.

La palabra designa en los dialectos *caribes* y caribanos al curandero o médico tribal. Las formas que adopta en esos dialectos es muy variada, como puede verse a continuación:

Dialecto	Palabra PIACHE:
Aparai	*puiace*
Bakarai	*piaze*
Chayma	*piazam, piazamo*
Cumanagoto	*piazamo*
Galibi	*piaye*
Guayana	*piaye*

Kari'ña	*puidei*
Palenque	*piazamo*
Pareca	*yachi*
Pemón	*piasan*
Tamanaco	*ptchiachi*

La voz tupí-guaraní para "hechicero" es *payé*, en la cual se mantiene el étimo; en quechua, se dice al curandero *sacha*, palabra esta que, en cierto modo, mantiene un parecido fonético con las anteriormente mencionadas.

Se supone que la palabra *piache* es de origen continental, específicamente de las selvas orinoquenses,; pero recuérdense las influencias mutuas de las lenguas tupí-guaraní es y el *caribe*, como se podría deducir de este mismo vocablo.

Ahora bien, en el caso que nos ocupa, podemos suponer que el lugar al cual se denomina hoy día El *Piache* fue la residencia de algún postrero curandero indígena asentado en las cercanías de la hacienda de *Mamo*. El lugar fue urbanizado y en este proceso arrojó algunos restos líticos y de cerámica que muestran el antiguo poblamiento de las riberas del río; el centro poblado fue devastado en la vaguada de 1999 y su topografía resultó particularmente cambiada.

PIARISMA: Punta ubicada en las cercanías de la ensenada de La Salina, parroquia *Carayaca*. En la cartografía elaborada por el Ministerio del Ambiente y de los Recursos Naturales Renovables, el lugar se identifica como *Diarima* (10°34'45'' Lat. N., 67°06'25'' Long. O., aproximadamente). No obstante, antiguos pobladores de la región todavía pronuncian *Piarima* y *Piarisma*.

La etimología probable de la palabra es: *pia,* "ancestro, antepasado"; *ichi*, "pierna"; e *ima*, superlativo: "gran, grande". Es decir, significaría "La gran pierna del ancestro". Si este es el caso, el sitio que actualmente llaman los pescadores "La Piedra del Francés" o "del Alemán", de su especial preferencia para la pesca de anzuelo, es particularmente interesante si lo inscribimos en las informaciones de ciertos buzos que aseguran haber visto restos de antiguas pirámides sumergidas enfrente de este sitio...

PICURE: Centro poblado y quebrada ubicados en la parroquia *Catia* La Mar. El pueblo está entre los 10°34'40'' Lat. N., y los 67°05'30'' de Long. O. La quebrada, que se forma al este de la población de El Pozo, *Carayaca*, por la confluencia de las quebradas Piojo y Pozo Azul, desemboca en el mar a los 10°28'30'' Lat. N. y 67°06'16'' Long. O. Desde esta confluencia al mar, recorre unos 3 Km.

Picure es una voz de origen *taíno (arawak)*, que se extendió bajo la forma *picure* y *acure; en *arawak* propiamente dicho se dice *curí*. Así se pronuncia en el oriente del país, mientras que en las islas del *Caribe*, donde predominó el dialecto arawak taíno, se dice *coulí*. En el dialecto *wapichana* es *kori* y *kari*. Todos estos términos equivalen también a "ratón, rata", y se refieren en realidad de "conejillo de Indias" (*cavia cobaya* Marcgr.).

El término *picure* junto con la voz *acure* llega a abarcar grandes extensiones, incluyendo las riberas del río Orinoco, donde lo documentó Gillij, dando ya el término *picure* como español, por haberse extendido su uso. Este término se aplica, pues, al *acure* (*Dasyprocta rubrata* o *Dasyprocta aguti* L.)

Entre los caribanos, el término está extendido bajo las formas siguientes:

Caribe antiguo	*Pikuri, akuli*
Cumanagoto	*Acure*
Chayma	*Acure*
Caribe continental	*Akuri, pikuri*
Pemón	*Akuri*
Kariña	*Akure*

PIRITU: Lugar cercano a *Tarmas* (Latitud N. 10°32′30″; Long. O. 67°08′20″), en una zona de cultivos. El nombre corresponde a la palma *Bactris piritu* muy extendida en el territorio caribano, donde se le asignó como nombre a una tribu que poblaba parte del territorio del estado Anzoátegui y donde pervivió en el nombre de una población. La voz pertenece al *caribe* continental. En *cumanagoto* se dice *pirichu*.

La palabra la documentó Ruiz Blanco en 1692 en su obra *Conversión de Píritu...*

La fruta de esta palma es del tamaño de una aceituna y de agradable sabor a uva; en algunas partes la llaman "coquito".

QUIGUAL: Punta ubicada en la Lat. N. 10°, 37′50″ y la Long. O. 66°33′35″, en la parroquia *Naiguatá*. Designa el lugar donde se cría el crustáceo denominado *quigua*, de gusto muy apetecido por las poblaciones costeras. La voz *quigua* o *kiwa* es de origen *caribe*.

TABACAL: Lugar situado en la montañas al sur de *Maiquetía*, al borde de La Fila, a unos 1200 metros sobre el nivel del mar, en posición matemática aproximada de 10°33'20" de Latitud N. y 66°02'50" de Long. O. El nombre denomina el sitio sembrado de *tabaco* (*Tabbacum officinalis* L.)

La palabra *tabaco* tiene origen *arawak*. La primera documentación es del año 1535 y la hizo Fernández de Oviedo en su *Historia General...*, páginas 130-131) Con esta voz se designa la isla de *Tobago*.

El *tabaco* tuvo uso ritual y medicinal entre los indígenas en general. En algunas naciones caribanas era de uso exclusivo del *piache*, quien lo usaba para sahumar mientras invocaba sus espíritus o bien para soplar el humo sobre las partes enfermas de quienes a él acudían.

En los dialectos caribanos, el *tabaco* tenía otros nombres, que fueron desplazados por esta palabra más conocida y por tanto más divulgada por los españoles. Es significativo que los indígenas del tronco *caribe* daban un nombre al *tabaco* enrollado como cigarro y otros a las hojas secas y a la planta.
"Cigarro":

Cumanagoto	*Tam, tamo, tamot*
Chayma	*Tamot*
Carijona	*Taumui-n-to*
Bakarai	*Taue*
Kariña actual	*Tamu, tamuttü*

La planta y las hojas:

Cumanagoto	*Caguay*
Chayma	*Caguay*
Tamanaco	*Cavai*
Sapará	*Kawain*
Purucoto	*Kawai*

TACAGUA: Quebrada que nace al norte de *Catia* (*Caracas*), a unos 1400 metros sobre el nivel del mar, desde donde discurre hacia el mar a través de los valles de las montañas, hasta arribar al Abra de *Catia*, donde después de un pequeño salto entre Cerro Negro y La Tigrera, sigue su curso hacia *Catia* La Mar. Algunos geógrafos creen que muy remotamente pudo haber sido el desahogo del lago que ocupara el valle de *Caracas*. Tiene una longitud de unos 18 kilómetros, hasta desembocar en Punta Calera, en la coordenadas Lat. N. 10°32′46″ y Long. O. 66°55′50″. Actualmente el curso de aguas está muy contaminado por las cloacas que en ellas avenan.

Aparentemente la voz está enraizada en el *tupí-guaraní* y pudiera ser una transformación caribana de la voz *taqua*, usada para identificar la *guadua* (*Guadua Taogoara* Kunth. o *Cusquea Lorentziana* Griseb.

La palabra de origen tupí *taqua*, *tacua*, asimilada y suavizada como *tagua*, unida a la voz *icuar*, pudo formar *Tacuaicuar* o *Tacuaicua*: "quebrada de las guaduas".

La otra posibilidad es que la voz *tacagua* designe al *Ochroma lagopus* Sw. o al *Aveledoa nucifera*

Pittier, dos árboles cuyos nombres *tacariguao y macagua,* respectivamente, sugieren una asimilación de voces.

Por otra parte, también cabe el origen provenga de la agreagción etimológica, como sigue: *ta* (aféresis de *patar,* lugar), y *cagua* (transformación de *icuar,* río, quebrada). En otras palabras, significaría "el río del lugar".

Valga observar que la voz *cagua,* en el dialecto *mandaguaka* (del Alto Orinoco) y en *sáliva,* significa "agua, río".

TACOA: Sitio ubicado en las cercanías de Arrecifes, Lat. N. 10°, 35'23" y log. O. 67°04'40", aproximadamente. Actualmente existe allí la planta generadora de energía eléctrica de la Electricidad de *Caracas,* C.A., de triste recordación por la tragedia del 19 de diciembre de 1989, cuando explotaron dos tanques de petróleo produciendo muchas muertes.

El examen etimológico de la palabra nos lleva a la raíz *Ta,* la cual pudiera ser el aféresis de *patar,* "sitio, lugar"; mientras que la terminación *coa,* que tantas veces se repite en la geografía nacional de oriente a occidente, nos deja un abanico de dudas y de posibilidades.

Encontramos la palabra *coa* como sufijo en voces que denominan sitios tan distantes como *Cumanacoa* (Estado Sucre), *Guaibacoa* y *Buchivacoa* (estado Falcón), y *Chivacoa* y *Coquibacoa* (Zulia), por solo nombrar algunos.

La palabra *coa* es de origen *taíno,* vale decir, *arawak.* Ello explica su existencia en lugares distantes como los señalados, pues los *arawak* fueron dueños de estas tierras antes de la conquista *caribe*. Esta palabra designa el palo usado por los indígenas para abrir los hoyos de la siembra en sus conucos.

Con este significado, *Tacoa* podría significar "La Chícora del lugar", extraña expresión que coloca el problema en encontrar el topónimo que lo justifique, pero es muy posible que este desapareciera con la urbanización de la zona.

Ahora bien, habiendo sido esta zona también patrimonio antiguo *arawak*, la palabra pudiera tener un significado distinto, desconocido, en la lengua *taína*.

Por otra parte, en la tradición oral local se menciona a un indio con este nombre. No hemos hallado referencias documentadas sobre él; sin embargo, la existencia del apellido *Tacoa* en el Estado Vargas, agrega fuerza a esta posibilidad.

TAGUAO: Sitio ubicado aproximadamente en las coordenadas Lat. N. 10°34′45″ y Long. O. 67°06′20″, vecino de la población de La Salina, parroquia *Carayaca*.

El nombre parece derivación de *Taguay,* el cual denomina la bahía a cuya vera se levanta el poblado. La voz *taguao* o *taguayao* significa "En (la bahía de) *Taguay*".

La voz *taguay* o *ataguay*, designa una palma denominada moriche en otras regiones. Se trata de la *Mauritia flexuosa* L. o de la *Mauritia vinifera* Mart.

Es posible que en las riberas de la bahía existiera en el pasado un palmar distintivo del lugar.

Resulta interesante que el nombre *Taguay* se repite en la geografía caribana. En el estado *Aragua* designa tanto a un pueblo (Lat. N. 9°45′30″, Long O. 66°39′00″) como a un río. En Monagas, hay otro pueblo (Lat. N. 9°57′; Long. O. 63°28′) con la grafía *Taguaya*.

También se debe resaltar que el étimo *way* o *kuai* se mantiene en *pemón*, precisamente para referirse a la palma *moriche*.

TAMAIRA: Quebrada de la parroquia *Carayaca*, que nace en la ladera oeste del *topo* El Corozo, en la Lat. N. 10°29′55″ y Long. O. 67°16′30″, aproximadamente.

Un río del estado *Aragua* que nace en el pico Cogollal (Lat. N. 10°232′50″ y Long.O 67°24′32″), también lleva este nombre, así como una fila montañosa de esa misma entidad, que sirve de límite a los distritos Ricaurte y Mariño.

La palabra *tamaira* es de procedencia *caribe* continental, y tiene el significado de "regalo, joya, presente".

No obstante, la voz está emparentada con la palabra *tamáiba* usada para designar un tipo de amapola entre los caribes y caribanos.

TAMANACO: *Topo* de 1.250 metros sobre el nivel del mar, ubicado en los límites con el Estado Miranda, en una posición matemática aproximada de10°33′00″ de Lat. N., y 66°43′00″ de Long. O.

Tamanaco es el nombre del famoso cacique *mariche* que murió cuando sus captores españoles lo hicieron destrozar por un perro mastín. No obstante, también se denomina a este *topo* con el nombre de *Tacamahaco*, que designa un árbol burseráceo del género *Protium*, del cual hay muchas variedades: *Protium haptaphylus* March.; *P. Decandrum* March., *Bursera tormentosa* Triana et. Planch.; *Brusera Gumífera* L., *Brusera guianensis* Baill. La resina que produce el *tacamahaco* es medicinal, particularmente en el tratamiento de las heridas.

La voz *tacamahaco* es de origen azteca (*náhuatl*); proviene de la palabra *tecomahiyac*, la cual declinó en *tecomahaca* y *tacomahaca* en la adopción por los hablantes arawak y *caribes*, hasta convertirse en la actual *tacamahaco* y *tacamajaca*.

TANAGUARENAS: Población de la parroquia *Caraballeda*, ubicada aproximadamente entre los 10°37'00" de Lat. N., y los 66°49'25" de Long. O.

También llevan este nombre una punta (Lat. N.: 10°36'55", Long. O.: 66°48'55") y una quebrada que nace a unos 600 metros sobre el nivel del mar y recorre un kilómetro y medio antes de desembocar al este de la punta homónima.

La palabra *tanaguarena* está formada por dos étimos: *tanna* (grande, mucho); y *guarena* (pajonal, herbazal, yerba, pasto). Esto hace suponer que en el pasado las hoy pocas gramíneas de esa zona, eran en el pasado tan abundantes que las hacían particularmente dignas de designarse "El gran herbazal o pastizal".

TARAL (EL): Sitio ubicado en el sureste de *Tarmas*, parroquia *Carayaca*. Designa el lugar donde abundan las *taras*. Ahora bien, la *tara* es tanto un árbol (*Oyedaea verbesinosides* D.C. o *Verbesina helianthoides*) como un insecto *(Acridium)*. ¿Cuál de los dos es o fue más abundante en el lugar?

La primera vez que se documentó la voz *tara* fue en 1535, y lo hizo Fernández de Oviedo en su "Historia General y Natural..."al referirse al insecto.

TARMAS: Población de la parroquia *Carayaca*, ubicada en la Lat. N. 10°32'30" y Long. O. 67°08'20". El nombre hace honor a la nación indígena *tarma*, con cuyos individuos fue inicialmente poblada. La etnia estaba ubicada al oeste de los *toronoimas* o *toromaimas*. Los *caciques* más prominentes de esta nación fueron: *Catia, Urimaure, Parnamacay, Paramaconi, Guarauguta, Guaicamacuto, Maiquetía, Pariata, Curucutí, Guaracarumbo...*

¿Qué significa el nombre *Tarma*? Hay varias posibilidades.

Puede ser el aféresis de la voz *Patarma*, que significa "el Gran Lugar o Sitio", "El lugar grande".

Puede ser apócope de la voz *Taramaima*, que significa "El gran Tarama", pero este nombre se asignaba a una nación vecina, llamada también *toronoima*, "el gran pájaro". *Tarama*, se dice, fue un gran antepasado de la nación *tarma* que legó su nombre a su pueblo.

Ahora bien, la posibilidad de que la palabra esté formada por los étimos *tara* (langosta, insecto *Acridium*) y el superlativo *–ma,* no debe considerarse extraña, pues otras naciones indígenas tenía nombres similares, tal vez por invocar a su espiritu-animal protector. Tales son los casos de los *Toronoimas,* "el gran pájaro", los *Cocheima,* "el gran venado".

Los *tarma* fueron entre los guerreros indígenas del centro los más destacados en la defensa de la costa, impidiendo la entrada de los conquistadores al territorio costero, mientras que el formado por los valles del río Tuy, del hoy estado Aragua y de *Caracas*, era defendido por *caracas, teques, mariches...*

Después de las derrotas sufridas por *Guaicaipuro, Catia, Paramaconi, Guaicamacuto* y los otros caciques interioranos, los *tarma* se sometieron a la corona española, a través de las encomiendas y las poblaciones que se crearon alrededor de estas: *Carayaca, Tarmas, Maiquetía, Mamo...*

TIBRON: Nombre de un poblado de la parroquia El Junco, ubicado en la Lat. N. 10°29′00″ y la Long. O. 67°05′00″, a unos 1600 metros sobre el nivel del mar.

De esta palabra se deriva *Tibroncito,* nombre de otro centro poblado cercano, perteneciente a la parroquia *Carayaca,* ubicado a los 10°28′30″ de Lat. N., y a los 67°06′30″ de Long. O. Igualmente se denomina con esta forma diminutiva a una quebrada de *Carayaca* que nace en la ladera norte de El Junquito, a unos 1800 metros sobre el nivel del mar y desemboca en el río *Petaquire,* después de recorrer unos 4 kilómetros.

La voz *tibrón* designa al *tiburón.* En ella se suprime la *u,* un sonido débil que no parece muy perceptible al oído. La voz *tiburón* es de procedencia *tupí* y toma varias grafías y formas: *tiburón, tiberaun, tiberón, iperú, ipperú, ipero, iperuaú, uperu.* La palabra *tiburón* fue impuesta por el uso general que le dieron los conquistadores.

La voz propiamente caribana para *tiburón* es *waypayaba* (del *chayma*).

TIRIMA: Nombre de un sitio cercano a *Tarmas* en la vía hacia *Carayaca*, ubicado matemáticamente en la Lat. N. 10°32′05″ y Long . O. 67°08′00″.

Aunque la palabra parece una unión paradójica de un diminutivo *(ti, pti, ptik)* y un superlativo *(ima, ma)*, en realidad es un caso parecido al de *Tarmas*. En efecto, nótese la similitud entre *tarama* y *tirima*.

La palabra *t-iri* designa al grillo *(Gryllus domesticus)*, por onomatopeyismo, así como en *chayma*, la voz es *iriz*. De manera que se designa el lugar con la voz *Tirima* para contrastar con *Tarama*, es decir, al lado de "la Gran *Tara*", "el Gran Grillo".

TOPO *(EL):* Nombre de un sitio y de un río. El caserío está ubicado en las coordenadas 10°31′ de Lat. N. y 67°05′ de Long. O., al sureste de Tarmas. El río nace a unos 1200 metros sobre el nivel del mar.

Acerca de la palabra *topo* véanse los párrafos introductorios de este capítulo.

TUNITAS *(LAS):* Centro poblado ubicado en la parroquia Catia La Mar, en la Lat. N. 10°35′00″ y la Long. O. 67°04′30″.

La palabra *tunita* es el diminutivo de la voz *tuna*, con la cual se designaba en caribano el agua y una planta *(Opuntia tuna* Mill.*, Opuntia Engelmanni.* Salm-Dyck.), el nogal de estos contornos.

La voz es de origen *arawak* y la documentó Fernández de Oviedo en el *Sumario de la Historia...*, pág. 507, en 1526.

Entre los carbanos se conocían diversos tipos de cardones y *tunas*, entre ellos los denominados *yacurero, pitahaya, ocoyep, caracuey, yaguarey...*

TUPIEPE: Topo ubicado aproximadamente en las coordenadas 10°32'26" de Lat. N. y los 67°06'30" de Long. O., en la parroquia *Carayaca*.

En la palabra se distinguen dos étimos: *top* y *pipue,* que significan "piedra" y "piel, concha", respectivamente. Es decir, la palabra compuesta significaría "Concha de Piedra", pero si en vez de la palabra *top,* se está utilizando la forma pronominal *ti,* o *tu,* entonces significaría "La Concha", "Aquella Concha".

La otra posibilidad es que la voz original *Topopue,* "El Cerro", con sentido de antonomasia, se transformara en su forma actual.

Si por otra parte tomamos la palabra *topo* en su sentido de "instrumento", además de la voz *pue* con la connotación de "huella, después, hubo, estuvo", entonces habría que hacer una revisión arqueológica al cerro para buscar talles huellas de instrumentos u objetos.

URAMA: Punta ubicada en la parroquia *Caruao* (Lat. N. 10°37'55", Long. O. 66°25'50"); también se denomina así a la quebrada que nace en la ladera norte del *topo* La Cortalera, a unos 600 metros sobre el nivel del mar y tiene un recorrido aproximado de dos kilómetros, antes de desembocar al este de la punta homónima.

La palabra *urama* o *urana* es de origen *caribe* y designa la *lapa* (*Coelogenys subniger* Desm.). En el *kariña* actual, se mantiene el étimo de la palabra y se dice *rüana*.

La palabra *lapa* también es indígena y tiene origen *arawak*, al ser asimilada por el caribano *chayma* se transformó en *irapa*, como ocurre con todas las voces que tienen el sonido *l*.

YAGRUMAL: Quebrada que nace aproximadamente en la Lat. N. 10°20'18" y la Long. 67°06'35", a unos 1450 metros sobre el nivel del mar. Desemboca en el río *Petaquire*.
Yagrumal es la voz para indicar el sitio poblado de *yagrumos* (*Cecropia peltata* L.).

La palabra *yagrumo* es *arawak*, de la región de Haití. Fue documentada por primera vez por Pedro Mártir. Al *yagrumo* se le conoce popularmente como "el árbol de la pereza (*Bradypus tridactylus*)", dado que este bradipodido gusta de las ramas tiernas del mismo.

YAGUARA (*LA*): Quebrada de la parroquia *Carayaca* que se forma por la unión de las quebradas Cedral y Marcano, en el punto donde las coordenadas son: 10°29'50" de Lat. N., y 67°04'25" de Long. O. Cae en el río *Petaquire* a la altura de la planta de bombeo de la empresa Hidrocapital, llamada *Mamo*.

La voz *yaguara* distingue a una palmera *Roystonea regia* o *Roystonea venezuelensis*) que tiene como hábitat a todo el país. Con esta palabra también se distingue a la palmera *Acrocomia sclerocarpa* Martius.

ZAMURITO: Pico ubicado en la parroquia *Naiguatá*, en la Lat. N. 10°33′00″ y la Long. O. 66°32′20″.

Zamurito es disminutivo español de la voz *zamuro*, con el cual se designa el *Coragypa atratus*,. El vocablo *zamuro*, común en todo el país, es de origen *caribe* continental y ha tomado diversas formas en los diferentes dialectos acríbanos:

Cumanagoto	*Curumo*
Chayma	*Curún*
Pemón	*Kurún*
Tamanaco	*Kirimú*
Maipure	*Kurrúm*
Kariña	*Kurumü*

La primera documentación de la palabra la recoge la *Relación de Nuestra Señora de Caraballeda y Santiago de León*.

3. La voz *Guaira*

La *Guaira*, capital del Estado Vargas y la parroquia homónima, se encuentra en una estrecha franja de la costa, ubicada entre el mar *Caribe* y el *Guariarepano*, en los 10°36′20″ de Lat. Norte y los 66°55′40″ de Long. Oeste.

La historia de La *Guaira* ha sido ampliamente investigada por sus cronistas, quienes también han incursionado en la interpretación del nombre de la ciudad.

Localmente se han publicado además algunos textos que han intentado desentrañar el significado de la palabra *Guaira*. Algunos de estos estudiosos han acudido a fuentes lingüísticas diversas, incluso de regiones lejanas como la incásica, en la búsqueda de sentido para esta voz indígena; también han investigado vocabularios relativamente más cercanos como el *warao* y el *pemón*.

Al mismo tiempo, en el deseo de llegar a la prístina significación original, ha motivado propuestas ortográficas para recoger más fidedignamente el sonido indígena original de la palabra *guaira*, y como resultado han sido divulgadas las grafías *Uaira, Uayra, Guayra, Waira, Wayra, Huaira, Huayra...*

***

Ahora bien, examinemos las interpretaciones que se han hecho del nombre *Guaira*. Tomando como base el quechua, se ha publicado que la voz significa "horno ardiente". En efecto, en rigor, la palabra *guaira* en quechua designa el horno de barro utilizado por los indígenas del Perú para acrisolar la plata. Se ha pretendido que el puerto de La *Guaira* recibió dicho nombre quechua por sus características climáticas particularmente calurosas.

Lo endeble de esta teoría es que, siendo toda la región tropical tan calurosa, incluida la incásica, sólo en un sitio marino se encuentre la palabra *guaira* como toponímico.

Hay muchas razones para rechazar la procedencia quechua del nombre de La *Guaira*. Si fuese cierta la propuesta, se debería llamar *Guaira* a toda la región calurosa costera y no a un sitio tan específico. Por otra parte, ¿qué conocimiento del quechua tenían Diego de Osorio y los moradores de la región, desde que en 1584 se creó allí el apostadero y la caleta, por disposiciones de la Real Hacienda de *Caracas*, como para que denominaran el lugar con un apelativo inca y no *caribe*, que era la etnia dominante en el lugar?

En Venezuela, hemos localizado dos centros poblados que tienen el mismo nombre, pero de reciente fundación, precisamente por guaireños: Uno en Falcón (Lat. N.: 11°48', Long O.: 69°57') y otro en Zulia (Lat. N.: 9°11', Long O.: 7°10'). Además, hay otras pequeñas comunidades con este nombre en Colombia, una en los llanos de *Casanare* (Lat. 4°41' N; y Long. 72°34' O.), y otra en el Valle del Cauca (Lat. 4°03'N; Long. 76!28'O.).

Existen otros lugares, también de tierra adentro, en varios sitios que llevan este nombre. En el *Paraguay* hay una importante provincia que lleva el nombre *Guairá*, ubicado entre las coordenadas Lat. 25°37' y 25°31' S., y Long. 25°59' y 26°11' S; pero este nombre agudo es de origen tupí-guaraní y no quechua. También designa un salto de agua del río *Paraná*, el Salto del *Guairá*, ubicado en Lat. Sur: 24° y Long. O. 54°, en la frontera de *Paraguay* con Brasil. Y en este país, hay una importante población llamada *Guairá* (Lat.21°05' S., Long. 54°15' O.) La palabra *Guaira* o *Guairá* con la cual se designan estos lugares, está más bien relacionada con la voz *caribe* que identifica la danta *(Tapirus terrestris)*.

Como dato interesante, la palabra *guaira* está presente en varios dialectos del caribano continental. Por ejemplo, en el *caribe* de Centroamérica, la voz *waira* designa a la flauta de caña, denominada entre los caribanos nuestros *caicara (cumanagotos, chaymas)* o *kaikrá (pemón)*. Por las mismas razones antes asentadas, no podríamos considerar que la voz provino de la América Central hasta nuestras costas, como nombre de flauta a designar un sitio marino.

Veamos el caso de la lengua *pemón*. En esta lengua caribana, la voz *waira* designa a la danta. Esta palabra sobrevive del caribano antiguo *(coaca, cumanagoto, chayma) guariare,* voz usada para designar el mismo animal y a una abeja en particular, llamada en pemón, casualmente, con nombre parecido: *wairapuyí.* [*]

---

[*] Acerca de la voz *guariare* para significar "abeja", es oportuno señalar que esta sencilla abeja le dio el nombre indígena al actualmente denominado "Cerro El Ávila", *Guariarepano* y no *Guarairarepano,* como se ha venido repitiendo vez tras vez. A este respecto, estudios reciente han concluido que el copista se equivocó al cambiar de renglón y, habiendo escrito en la línea anterior *Guaria,* continuó en la siguiente *riarepano,* repitiendo una sílaba, con lo cual se creó la expresión *Guariariarepano,* que desde entonces se empeñaron en traducir como "Gran Montaña", "montaña grande" y, más recientemente a raíz de la vaguada que produjo la tragedia en diciembre de 1999, como "Montaña que escupe piedra". La verdad es otra: La terminación caribana *pan* o *pano,* tenía carácter adjetivante, así por ejemplo, de la palabra *guatpa (cumanaogoto,* flauta), se origina la palabra *guatpano* (músico, flautista); de *cherpe* (habilidad), se forma *cherpano* (hábil, sabio), y así sucesiva-mente. Por lo tanto, *Guariarepano* significa simplemente "abejoso, abundante en abejas *guariare".* Hay confirmación de la abundancia de abejas *guariare* en

Examinemos el posible origen *warao* de la palabra: en este idioma, la palabra *waira* designa el buque, es decir, la embarcación grande. ¡Qué enorme tentación para un investigador subjetivo! Dado que La *Guaira* es precisamente un puerto marítimo, tal significación le viene al dedillo: Buque o embarcación grande... pero hay un problema con doble connotación. Los *waraos* están tanto geográfica como lingüísticamente muy lejos de la región caribana central, donde quienes la habitaron le dieron un nombre distintivo a este lugar.

Otra tentación para el investigador, conocedor de los vínculos amerindios con el Asia, es el significado de la palabra *waira* en el japonés antiguo: "lugar de pinchos o cardones". ¡Qué bien le cuadraría a La *Guaira*, en cuyos cerros abundan las tunas, los cardones y les espinos de las xerófitas! Pero de la misma manera, el nombre le cuadraría a todo el litoral venezolano y del *caribe*, donde hay sólo una *Guaira*.

Resulta sorprendente que la semejanza fonética entre "aire" y *Guaira*, le haya sugerido a algún intelectual inspirado en la brisa marino el significado de "vientos huracanados y ardientes que vienen del mar", para la palabra *guaira*. Esto puede ser muy poético, pero no se ajusta a la verdad de unos vientos marinos que no se concentran en el punto donde está la ciudad. Si algún viento ha sido denominado *guaira* es porque la ciudad se lo dio y no al revés; así como *guaira* se denomina a la vela triangular de algunas

---

El Avila, cuando Humboldt estuvo en el cerro encontró allí una asombrosa proliferación de abejas *guariare*, llamadas científicamentre *Trigonas*. Para los indígenas, el nombre *Abejoso* o *Abejero*, describiría muy bien esa montaña.

embarcaciones que usan los vientos como fuente de energía.

Con respecto al significado de la palabra, todavía hay más. En un programa de televisión un cronista guaireño, cuyo nombre se prefiere silenciar, hablando sobre La *Guaira* expresó que la voz significa "amigo" en la lengua indígena. Aunque se puede entender la buena intención del cronista en promocionar el turismo en la región y su deseo de enaltecer el espíritu de cordialidad innata e histórica del guaireño, con profunda pena no queda más remedio que desmentir su afirmación gratuita, carente de apoyo lingüístico y documental.

Ante todas estas alternativas revisadas, queda sólo el camino de una investigación menos subjetiva y más apegada a los procedimientos que usaban los nativos para poner nombre a sus lugares. Como lo señalamos en un capitulo anterior, había varias maneras de hacerlo:

- En honor a la planta o animal más abundante en el sitio.
- En honor a un distinguido personaje real o de sus mitos.
- Como recordatorio de un acontecimiento importante ocurrido en el lugar, y
- Como descripción del territorio.

La verdad sobre el nombre *Guaira* es menos rebuscada y mucho más sencilla; se mantiene entre los pescadores *waikerí* de la actualidad para designar a una sardinita de nado muy rápido, que por otro nombre castellano algunos denominan "chicharro", nombre canario de jurel (*Caranx hippos*). Los informantes *waikerí* aseguran que esta sardinita sólo abunda y es característica de las costas guaireñas *sensu lato,* es decir, las ubicadas exactamente enfrente de la ciudad, en la desembocadura del río Osorio.¿Hay documentación que pruebe esto?

La documentación más confiable acerca de la palabra caribana *guaira* está en la obra de Francisco de Tauste *Arte y Vocabulario de la Lengua de los Indios Chaymas... y otros,* editada en 1680 en Madrid.

El misionero estuvo durante veintidós años conviviendo con los indígenas de la nación *chayma* y otros caribanos de la parte norte, central y costera de Venezuela. Fue fundador del pueblo de San Francisco, jurisdicción actual del Estado Monagas. Escribió su libro para que los misioneros aprendieran la lengua de estos indios caribanos y pudieran enseñarles en ella. El tiempo entre estos indígenas otorga a su obra un amplio margen de garantía en cuanto a exactitud, aunque no se puedan negar las influencias latinizantes y del método de Nebrija en su gramática, además de algunos errores en la transcripción de fonemas, algunos de ellos señalados en una "Fe de Erratas" de la obra misma. Su exactitud puede superar a Humboldt, de oído educado en voces germanas; y a Bretón (francés).

Según Tauste, la voz designa la "liza *(sic)* de mar". Cierto es que Taute transcribe la voz como *guaria,* pero atendiendo a lo dicho por él mismo en el Prólogo de su libro, la palabra es asimilable a la voz *guaira,* que nos ocupa y cuya metátesis es del tipo común entre los caribanos.

La lisa de mar *(Mugil cephalus)* abunda en aguas caribanas; el pequeño pez *(querepe,* para los indígenas), que nuestros pescadores de orilla han obtenido por muchos años en lo que se denominaba La Plantica de La *Guaira* es el que realmente da nombre a la ciudad capital del Estado Vargas.

Tal vez el nombre *Guaira* se le daba también al río que fue rebautizado como Osorio. Si la entonces cálida y abundante desembocadura de este río atraía a las sardinitas, nada más lógico que darle el nombre al sitio y al río. Quedaría por establecer con los ictiólogos si las sardinitas llamadas chicharros por los guaireños son en realidad lisas o una especie determinada y específicamente diferenciada. De ser así, se propone que el nombre *Sarda guairensis* o *Clupea pilchardus guairensis,* según sea el caso, le sea asignado a los mismos.

Guaira significa sencillamente, "lisa de mar", nombre en nuestro parecer muy apropiado para una ciudad marina, como corresponde a la mayoría de los toponímicos indígenas ubicados a la orilla del mar en toda la costa caribana, algunos de los cuales hemos considerado en páginas anteriores.

Por lo tanto, debe honrar a la región y a los nativos de La *Guaira*, la connotación marina de su nombre, porque el mar ha estado presente en el pasado histórico y en la vida económica de esta tierra y todavía es la esperanza de su futuro promisorio, tanto por la vía del trabajo del puerto, como del turismo.

Conclusiones

Ha sido el propósito de este trabajo enaltecer el aporte de los ancestros indígenas en la toponimia del Estado Vargas, así como rescatar la denominación caribana por encima de los otros nombres que se invocan sobre parroquias y sitios.

Los ejemplos abundan. La Piedra del Alemán, en las cercanías de La Salina, debe llamarse *Piarima* o *Diarima*. La parroquia El Junko, así con k, es un reconocimiento implícito a un Club de hipismo de esa zona, que delega al olvido el nombre indígena de *Tibrón* o *Petaquire* para esa región.

Los nombres de Raúl Leoni y Carlos Soublette, para dos parroquias del municipio, pueden parecer políticamente apropiadas a algunos, pero sin desmerecer del valor y la honra de Soublette, sería ideal que se mantenga la denominación ancestral, y se cambiaran a *Urimare* o *Guaracarumbo* la primera y a *Pariata* o *Curucutí* la segunda, preservando el nombre de Soublette para un nuevo municipio.[20]

Este trabajo cumplirá su cometido si a pesar de sus imperfecciones, llena el vacío de una necesidad de obras dedicadas a la formación de los jóvenes de esta región.

Hoy la constitución reconoce la pluralidad lingüística de Venezuela y en otros países se recuperan las lenguas nativas con empeño, con dedicación, con amor, para que no se pierda su belleza, su historia y la identidad de los indígenas.

En Venezuela se impone rescatar y preservar lo que se pueda del *chayma*, el *kariña*, el *yaruro*, el *sáliva* y otros muchos idiomas que están en peligro del

---

[20] **Nota:** La parroquia Raúl Leoni pasó a denominarse *Urimare* el día 28 de septiembre de 2009, cuando tras un referéndum, sus habitantes votaron a favor del nombre de *Urimare* para denominarla. A la fecha este libro, impreso por el Fondo Editorial Urimare de la Alcaldía del Municipio Vargas, tenía cuatro años de su primera edición.

olvido. No basta que estén en los libros, hay que traerlos de nuevo a la vida, especialmente donde hay poblaciones descendientes directas de esas etnias.

Esta obra es un intento por reconocer a nuestros antepasados y se inscribe en ese respeto por los legados de nuestros primigenios pobladores.

Jesús Israel Acevedo T.

Tenerife, 20 de agosto de 2014